主编寄语

编写“SOS救助父母，救助儿童”丛书，是我1996年的构想。这种想法的起因源于当时我对问题儿童的粗浅认识和对问题儿童父母困惑的同情。1992年，我系统学习了神经生理学和神经心理学，先后进修学习了发展与教育心理学（北师大研究生班）及特殊需要儿童教育的相关学科。为了实际研究并帮助孩子和父母，于1995年春，在师兄师妹们的鼓励下，“东方圣童儿童发展研究中心”成立了，主要开展儿童发展测评及特殊需要儿童教育指导。在这个儿童发展中心，我接触了成千上万位望子成龙的父母，了解了更多父母教育子女的失误；也是在这个中心，我接触了成千上万名来自国内外的问题儿童，了解了问题儿童的苦难及其父母的困惑与无助。就是在这种情况下，我深感一个小小的儿童发展咨询与教育中心能为孩子和父母提供的帮助实在太有限，不如把知识教给父母，由父母来帮助孩子，这样或许才是“救助父母，救助儿童”的根本办法。于是，我萌生了撰写本套丛书的想法。当时，广大父母渴望有这样的教材，又有几家出版社对这个选题非常感兴趣，争相预订出版。但是，当我静下心来准备行动的时候，又觉得这套书涉及多个学科，自觉水平有限，而且临床工作又十分繁忙，编写这样一套科普著作，不仅需要花费大量时间，而且必须把高、难、深的学术名词，艰涩的学术理论写得通俗易懂，把教育策略写得翔实好用，可操作性强，让父母一看就懂，一学就会，一用就灵，才能不落窠臼。所以，我只好把这一设想搁置下来，并谢绝了诸家出版社的邀约。

2003年，中国妇女出版社的领导和几位编辑又和我谈到这套丛书，其情之切，令我感动。恰在此时，我又遇到了一件令人触心垂泪的事，终于促使我下了决心一定要撰写一套供特殊儿童的父母阅读的教育咨询和教育训练丛书。

一天，我从北大妇儿病房楼道走过时，迎面走来一位年轻女士。我觉得似曾见过，但又想不起在何时何处，只能报以微笑。那位女士说："戴教授，您还记得我吗？两年前，我带两个月的儿子看过您的门诊，您当时告诉我孩子可能存在中枢协调障碍，需要进行一些干预性训练。我对您的提醒没放在心上，加上我一个人带孩子，手忙脚乱，光对付孩子的吃喝拉撒都感到头昏脑涨，哪儿还有时间进行什么训练，总觉得孩子长大就好了。没想到，随着孩子年龄的增长，他不仅没好，问题还越来越严重，现在两岁多了还不会走路，两腿交叉，双拳紧握，也不会说话……我懊悔极了，觉得对不起孩子。我该怎么做才能尽快挽救孩子呢？"说完，她绝望地失声痛哭……

在几十年的临床工作中，我何止见过一位这样懊悔而痛苦的母亲！据不完全统计，我国小儿脑瘫的发生率为2.0‰～3.5‰，早产低体重儿发生率更高，这样推算下来，全国大约有几百万由于脑瘫未及早诊治而致残的孩子；孤独症患儿为300万～500万；分心多动的孩子至少1000万；学龄儿童中智力正常，由于学习能力导致学习障碍者为5%～10%，这在全国将是一个不小的数字。这些不能不说是父母的痛苦，孩子的不幸。

我们再看看另一个儿童群体——"儿童感觉统合失调症"患儿。这些孩子智力正常甚至超常，但种种原因导致儿童感知觉发展偏差。这些孩子行为违常，情绪暴躁，分心多动，学业滞后，适应社会能力差，甚至会发生破坏行为，令家长头痛、学校无奈，是一个在学龄儿童中发生率约占30%的大群体。据不同地区对儿童感觉统合失调的研究统计数字报道，北京市学龄儿童感觉统合失调率为46.29%，上海市学龄儿童感统失调率为52.7%，南京市为34.9%。这些数字说明儿童感统失调已成为现代普遍存在的"时代文明病"。随着科学

SOS 救助父母，救助儿童

让孤独症儿童走出孤独

丛书主编
戴淑凤

本册主编
戴淑凤
贾美香

撰　稿
戴淑凤
贾美香
马　晶
彭旦媛
刘　琳
王　晶
魏青云
肖雪娟
徐珊珊
云爱玲
赵　慧
张传杰
张俊芝
张力夫
黄晶晶

中国妇女出版社

图书在版编目（CIP）数据

让孤独症儿童走出孤独 / 戴淑凤，贾美香主编．--
北京 ：中国妇女出版社，2019.1
(SOS救助父母，救助儿童 / 戴淑凤主编)
ISBN 978-7-5127-1662-9

Ⅰ.①让… Ⅱ.①戴…②贾… Ⅲ.①孤独症－儿童教育－特殊教育 Ⅳ.①G766

中国版本图书馆CIP数据核字（2018）第251288号

让孤独症儿童走出孤独

丛书主编：戴淑凤
本册主编：戴淑凤　贾美香
责任编辑：陈　元
封面设计：季晨设计工作室
插图绘制：孙茉芊
责任印制：王卫东
出版发行：中国妇女出版社
地　　址：北京市东城区史家胡同甲24号　　邮政编码：100010
电　　话：（010）65133160（发行部）　　65133161（邮购）
网　　址：www.womenbooks.cn
法律顾问：北京市道可特律师事务所
经　　销：各地新华书店
印　　刷：北京通州皇家印刷厂
开　　本：165×235　1/16
印　　张：15.25
字　　数：253千字
版　　次：2019年1月第1版
印　　次：2019年1月第1次
书　　号：ISBN 978-7-5127-1662-9
定　　价：49.80元

的发展，环境的污染，生活方式的现代化，孩子受不良成长环境和失误教养方式的影响，这些问题不仅不会消失，而且有日渐增多的趋势，严重影响着孩子的身心健康和学业发展，影响着社会的安定和谐，令父母痛苦不堪。

怎样才能尽量减少有这样那样问题的孩子，使已经发生问题的孩子向正常发展，并拥有幸福的人生呢？这不仅是医生的事，而且需要全社会、多学科人士的共同关注、共同努力，并为之奋斗。

父母应当在准备要孩子前，就学习如何做父母，使发展中的孩子尽可能地减少、减轻问题，使孩子尽可能地向着理想的方向发展；对于出生即被界定为“高危婴儿”的孩子，应当及早实施科学干预，并定期随访，进行发展水平测评和针对性教育，使高危婴儿得到正常发展；如果孩子的问题已经萌发，则要用敏锐的眼睛仔细观察，用善于思考的头脑进行分析，以雷厉风行的行动、切实可行的措施，及早动手帮助孩子……这些才是对孩子负责，才能争取得到最好的结果。

每一个小生命都是日新月异、快速发展的小精灵，他们都来自一个单细胞生物体——受精卵。由一个最原始的细胞发育成最高级的生物体——人，要经历生物进化历程中的风风雨雨。当前，迅猛发展的高科技推动了社会进步，也制造着伤害人类自身的副产品——环境污染、竞争压力等，这必然会殃及孕育胎儿的母体的内、外环境，不同程度地影响着胎儿的正常生长发育。好不容易到了临产期，又面临着围产期缺氧、早产、感染、脑损伤等风险的考验。出生后，一个快速发展中的个体又面临着更多方面的风险，如家庭和外界环境污染、营养、疾病、教育等，一句话，造成婴幼儿发展偏差、发育障碍的原因很多，这些因素不仅不会消失，而且有增无减。这是生物进化过程的必然，也是科技发展的附属品。但是，面对无法改变的大社会和大环境问题，人们可以采取一些预防措施达到优生优育的目的。这些问题可以通过孕前检查、围产期保健和出生时（出生后）系统监护得到有效预防。可以说，父母就是孩子的未来，孩子的问题在很大程度上与父母有关。只要您是一位勤学习、善思考、豁达明理的母亲或者父亲，您一定会在专业人士的热情帮助下，改变和创造孩子美好的未来，因为奇迹总是属于用心人的。

在本套丛书撰写过程中，我们尽量做到融医学、认知神经学、心理学、教育学、社会学、伦理学等学科为一体，在保证丛书科学性的基础上，力争做到文字简练，通俗易懂，尽量以表格形式展示需要冗长文字叙述才能说清楚的内容，使读者看起来不累，便于理解和记忆；注重实用性与可操作性。书稿完成后，我们请一些家长进行评审，深受赞誉，都认为这是一套实用、看了能懂的好书。本套丛书第一版面世后，受到广大读者、特教机构、早教机构和专业人士的高度评价，这些机构将本书作为教师的培训教材，普遍反映内容翔实、科学，实用性、可操作性强；家长们也反映，这套书实用、好用，用了孩子就有进步。我们还收到上千封读者的来信，其中相当一部分家长是看到本套丛书后才知道孩子有问题的。这些家长也提出了一些中肯的建议，希望操作方面更形象一些，更具体一些，案例再多一些，希望有语音、视频演示。此次改版中，每一分册都尽可能地融进了新知识、新技术，特别融进了小儿推拿、中医外治、饮食调理等，企盼更加贴近读者，为更多孩子和父母提供帮助。

本套丛书分为《让脑瘫儿童拥有幸福人生》《让孤独症儿童走出孤独》《让分心多动儿童摆脱烦恼》。丛书由我构思，拟订框架，并拟写了《让脑瘫儿童拥有幸福人生》《让孤独症儿童走出孤独》《让分心多动儿童摆脱烦恼》各章、节的写作条目及部分章节、样稿。具体的编写分工为：《让脑瘫儿童拥有幸福人生》由刘振寰教授任分册主编；《让孤独症儿童走出孤独》由贾美香教授任分册主编；《让分心多动儿童摆脱烦恼》由王永午教授任分册主编。

本次再版对《让脑瘫儿童拥有幸福人生》《让孤独症儿童走出孤独》《让分心多动儿童摆脱烦恼》进行了修改更新。本套丛书编写当中曾经得到了董奇教授、林庆教授、王玉凤教授的关心和指导，中国妇女出版社的编辑们也为本丛书的出版付出了辛苦的工作，在这里谨致谢意。

全社会关注儿童健康发展、关注弱势儿童正常发展已经形成新的态势，我们医务工作者将努力尽自己的微薄之力，将艰涩的专业研究结果转化为能让百姓读懂、会用的科普知识和实用性强的操作技术，并借助网络、媒体等多种渠道，帮助更多的父母和孩子，包括从事特殊教育的老师。这就是我们编写这套丛书的初衷。如果本套丛书能对家长和同行起到一点儿作用的话，我们就深感欣慰了！

本书如有错漏、不妥之处，真诚地希望同行、读者批评和指正。

戴淑凤

2018年9月18日

于北京大学第一附属医院

再版前言

30多年前，孤独症这一常常发生在婴幼儿时期的心理发育障碍性疾病在国内正式报道以后，有成千上万个案例陆续被诊断出来。孩子行为发育的障碍和由此给家庭带来的困扰使父母不知所措，老师面对这样的孩子也不知教育从何着手。这些孩子从表面看来常常是可爱漂亮的，某些方面似乎是超常的，但到三四岁该上幼儿园时，往往因为听不懂老师的话或行为怪异，不几天便被要求其退园。要是想上学更是困难。在公共场所，他们不懂得要遵守规则而常遭白眼和呵斥，他们对周围的事往往视而不见，听而不闻，似乎与己无关。对于这部分儿童，来自医学方面的帮助和治疗固然重要，但仅有医学上的帮助是完全不够的。因为所有的儿童都要面临发育和发展，这些不是依靠药物就能完全解决的。因此，需要医学、行为学、心理学、教育学、社会学等多学科合作，共同帮助他们和他们的家庭，使其潜力能得到最大程度的发现、重视和挖掘，最终使其能力达到自己的最高水平，这应当是我们大家共同努力的目标。如何帮助他们？帮助他们什么？谁来帮助？这些需要特殊技能、专业知识和信息。出于这些方面原因的考虑，本书在2005年首次出版后，曾再版3次，深受同行及家长朋友欢迎。时隔13年，孤独症的诊断、评估、康复训练等各方面都有了很多新的进展，因此我们觉得很有必要重新修订本书。

重新修订后，本书新增了与儿童孤独症相关的很多内容，例如与孤独症相关的危险因素介绍，与孤独症相区别的其他病症介绍，孤独症的诊断标准（DSM-V）的介绍，教育评估工具VB-MAPP的介绍，以及新的训练案例分享等，使广大读者对相关方面的最新信息有一个比较全面的了解。参与本书修订的作者都是从事多年医学、教育学和儿童教育康复方面的专业人士，在相关领域有着丰富的知识、技能及实践经验，因此本书的再版对广大家长来说是个好消息。这本书对教育、医学、社会学方面的专业人士来说，也是一本很好的参考书。

我们期待社会各方人士都来关心这一特殊困难的群体。他们和他们的家长是我们社会中的成员。这些孩子在生理或心理方面存在着不同程度的困难、不足、缺陷，他们每个人一生中都有可能在不同的时期有异常表现，只不过或轻或重而已。在科学技术还没有发展到一定程度，人类还不能完全认识自己和掌握自己命运的时候，疾病、缺陷就不可避免地落在正值发育中的孩子身上。认识到这一点，作为现代文明社会和文明人类的标志，应当是摒弃歧视，勇于关爱，积极关爱，为发育障碍儿童的生存和发展提供一个平等、尊重、和谐、宽松的气氛和空间。

及早发现，及时科学而有效地实施干预性教育训练，让孤独儿童及早走出孤独！

杨晓玲

2018年10月

北京大学精神卫生研究所　教授

北京市孤独症儿童康复协会顾问

目录

第一章

孤独症的概念

孤独症，又称自闭症，是以社交交流和交往障碍、兴趣狭窄及刻板重复的行为方式为主要临床表现，是一种发生于儿童生命早期的较为严重的精神障碍，能严重影响到儿童的感知、语言、情感，尤其是社会交往等多种功能的发展，给家庭带来极大的痛苦，给社会造成沉重的负担。根据2014年美国疾病控制与预防中心的数据，孤独症谱系障碍的发病率从两年前的1/68增加到1/59，男孩与女孩的患病比率大约为3～4：1。孤独症是一种伴随终身的障碍，即使有越来越多的患有孤独症谱系障碍的儿童最终能够独立地生活，但其影响仍然会伴随孩子一生。

一、孤独症自古就有

早在孤独症被认识和命名之前，具备所有孤独症表现形式的儿童和成人就已经出现在我们的生活之中，但不为人们所认识。西方古代曾出现“仙女偷换下来的孩子”的传说，是指仙女偷换人类的婴儿，而留下了一个仙女的孩子，虽然非常漂亮，但是与人类社会格格不入，对人态度疏远。18世纪，法国医生曾描述了一个名叫维克特的男孩，他被称作“阿维龙的野孩”，在法国中部的森林里被发现时大约12岁，光着身子，全身为疤痕所覆盖，不讲话也不回答问题，整个形象和行为举止给人的印象是完全与世隔绝的。在他身上表现出很多孤独症的特点：维克特从不与其他孩子玩儿，从没有开口说话，总是做些重复性的动作，对某些声音特别敏感。很多人猜想他的整个童年都独自生活在接触不到人的森林里。1799年，英国报道了在伦敦贝瑟恩医院收住的一名5岁男孩，他整天沉迷在玩具士兵的游戏中，对外界不理不睬。1887年，英国朗顿·唐医生描述了一个具有学习障碍，但在某些方面表现出很高才能的人。1926年，苏联精神病学家苏克哈热瓦提出的儿童期精神分裂人格障碍类似于现在的阿斯伯格综合征。

在中国古代也有类似孤独症的描述。早在隋代巢元方的《诸病源候论》就记载所谓的“昏塞”，宋代钱乙提出了“五迟”，明代薛铠提出了“五软”，这些概念与现在孤独症的概念似乎相像。在《内经》《左传》《医宗金鉴》《小儿药证直诀》等有类似描述：小儿数岁不语，童昏不可使谋，心气不足，五六岁不能言，肾气不足，久不生齿，久不生发……似乎与当今儿童孤独症的表现相似。

在1943年美国精神科医生肯纳提出孤独症的概念之前，文献中提出不少病例与孤独症相似，其中有些符合当前诊断孤独症的标准，有些则不符合。但可以肯定，孤独症并非现代社会的产物，而是自古就有。

二、孤独症诊断概念的演变

1943年，约翰霍普金斯医院一位名叫肯纳的儿童精神病医生第一次发表描述孤独症儿童的论文，文中报告了11个活在他们自己世界的孩子。这些孩子忽略身边的所有人，甚至他们的父母；他们可以自娱自乐长达几个小时，即便仅仅只是自己拍手；他们很容易被小事惊扰，比如他们最喜欢的玩具没有被放到通常的位置。在肯纳医生关注并记录这一系列症状之前，这些孩子一直被分类于情感失调或者精神迟滞。肯纳医生观察到这些孩子不只是学得慢，而且也不符合情感失调孩子的一系列特点。因此他首次将其命名为早期婴儿孤独症，强调症状在婴儿出生后不久已较为明显。这类疾病那个时候也被称为肯纳综合征。这群患者的特征如下：

▲ 严重缺乏与他人的情感接触，不能与他人建立正常的社会关系；

▲ 强烈坚持保持原样不变；

▲ 不会说话或语言发育明显异常；

▲ 言语不起沟通作用；

▲ 游戏方式简单、重复。

与肯纳医生发现孤独症仅相隔1年，奥地利精神病学家阿斯伯格也发表了一篇有关儿童孤独症的论文，其中他描述了4例男孩，称为孤独症精神变态。阿斯伯格所报道的儿童与肯纳所报道的有相似之处，例如都存在社交沟通的障碍，不能建立正常的人际关系，沟通能力欠佳，有刻板、异常的行为；但又不完全一样，例如阿斯伯格综合征的儿童语言发育无明显的迟缓，运动能力较差等。

其实“孤独症”一词并非为肯纳医生首创，1911年精神病学家布鲁勒用该词形容成人精神分裂症与外界的隔离，将其作为精神分裂症四个基本症状之一加以描述，意指精神分裂症患者退缩于自己的幻镜之中。肯纳借用

“孤独症”一词意在强调他所描述的这种障碍的社交缺陷。此后美国和欧洲有相似的病例报道，但对孤独症定义的分歧则继续存在。甚至诸多学者将儿童精神分裂症、边缘性精神病、婴儿期精神病和共生性精神病等与孤独症互用。

为了澄清这种混乱，阿斯伯格和肯纳于1956年将众多症状减少至2个具有诊断意义的主要症状，即极度自我封闭和强烈保持原样不变。语言异常则被视为继发于人际关系障碍。此外他们还将起病年龄延伸至2岁。

英国儿童精神病学家瑞特提出孤独症的4个主要特征：

▲ 缺乏社会兴趣与反应；

▲ 语言障碍，从缺乏言语到特殊的语言形式；

▲ 奇特的动作行为，从刻板、局限的游戏形式至更为复杂的仪式性和强迫性行为；

▲ 30月龄（2岁半）前早期起病。

瑞特认为这4个特征几乎为所有孤独症所共有。

1978年，美国国立孤独症儿童和成人协会专家顾问委员会对孤独症提出的定义为起病于30月龄前的行为综合征，其主要特征有：

▲ 发育秩序和速度紊乱；

▲ 对任何感觉刺激的反应异常；

▲ 言语、语言、认知和非语言的沟通障碍；

▲ 与人、事和物建立起合适关系的能力障碍。

这些定义为至今广泛应用的国际疾病分类第9版（ICD-Ⅸ）和它的临床修订版（ICD-Ⅸ-CM）、美国《精神障碍诊断和统计手册》第3版（DSM-Ⅲ）诊断标准的建立奠定了基础。

1980年出版的《精神障碍诊断和统计手册》第3版首次将童年孤独症明确与精神病相分离，视童年孤独症为一种广泛性发育障碍。

1987年的《精神障碍诊断和统计手册》第3版修订版（DSM-Ⅲ-R）以孤

独样障碍取代了婴儿孤独症，并设置了一个新的分类——待分类的广泛性发育障碍（PDD-NOS）。并且首次将不同的临床症状归聚为三类核心缺陷——社会交互作用质的缺陷，言语与非言语的交流及想象性游戏方面质的缺陷，显著局限化、重复性的活动和兴趣。

1992年公布的《国际疾病分类手册》第10版（ICD-Ⅹ）首次采用了字母—数字的编码形式，将DSM-Ⅲ-R中可能包容过杂的孤独样障碍进行了亚分类，即F84.0童年孤独症、F84.1不典型孤独症、F84.2Rett综合征（瑞特综合征）、F84.3其他童年瓦解性障碍、F84.4多动障碍伴发精神发育迟滞与刻板动作、F84.5Asperger综合征（阿斯伯格综合征）。同时，对这些亚分类分别给予具有鉴别意义的描述和定义。

1994年出版的《精神障碍诊断和统计手册》第4版（DSM-IV）中进一步精细化，将广泛性发育障碍扩展至5个分类，即孤独症、阿斯伯格障碍、待分类的广泛性发育障碍、儿童期瓦解性障碍和Rett综合征，起始年龄为36月龄。

2013年的《精神障碍诊断和统计手册》第5版（DSM-V）对儿童孤独症的诊断做出了重新修订。修订如下：

▲ 新手册中使用孤独症谱系障碍（孤独症）取代广泛性发育障碍，取消原先包含在该类障碍下的孤独症、阿斯伯格综合征、儿童期瓦解性障碍以及待分类广泛性发育障碍的亚类，并移除原来的Rett综合征；

▲ 孤独症谱系障碍的特征由社会交往、语言/交流、重复/有限的刻板行为三大类核心症状合并为第5版的两大类：一是社会沟通和／或社会交往障碍，二是限制性和／或重复性行为，取消沟通发展迟缓这一大类；

▲ 起病年龄放宽，由原来定义的36月龄前起病，放宽到整个童年时期。

三、孤独症患儿为什么越来越“多”

在我国，按照1%的比例保守估计，至少有300万～500万的孤独症患者。然而，我国孤独症的临床研究起步较晚。在30年前的儿科、儿保和精神科医生中能够识别孤独症的人很少，对孤独症少有报道。从1955年11月至1981年6月（前后26年），某医院收住了来自我国各地区的1190名精神病患儿，其中仅有5例（占0.42%）被诊断为孤独症。

1982年南京脑科医院儿童精神健康研究所中心陶国泰医生在专业文献上报道了4例孤独症，首次在中国引进了这个概念。在诊断分类系统上，我国从1989年公布的《中国精神障碍分类与诊断标准》第2版（CCMD-Ⅱ）开始有了儿童孤独症的诊断。之后十几年，有关孤独症的文献报告更多集中于病例报告上面，至今尚无流行病学的调查和研究报道，病因学研究方面的文献也仅限于个别报道。

随着医学科学的发展和孤独症知识的日益普及，越来越多的孤独症儿童被识别出来。1984年，某儿童心理卫生研究中心成立后，被诊断为孤独症的儿童占就诊儿童的0.47%。到了1996年，某医院门诊和住院病例中，100多例儿童患者被诊断为孤独症，占就诊儿童的1%。近年来，各地区的儿科、心理行为科室、儿童精神科等每天都会有新诊断的孤独症病例。这种确诊患儿逐年增多的现象是全国各地的普遍现象。分析其中原因有以下几种：

（1）30多年来，经各种媒体（电台、电视台、报纸、杂志和科普讲演、自媒体等）的传播，孤独症已为很多人所认识。随着家庭收入大大增加，以及父母知识水平的提升，一旦发现孩子行为异常，多数会送到医院诊治，因此医院收治的患儿也逐年增加。

（2）我国儿童精神科起步较晚，绝大多数儿科、儿保、精神科医生没有经过儿童精神医学的教育和训练，所以，30年以前孤独症被误诊为智力低下、多动状态、语言发育迟缓、聋哑、精神分裂症、儿童精神病以至散发性脑炎的屡见不鲜。但近年来，随着孤独症知识和诊断技术的逐渐普及，孤独症儿童被误诊的情况越来越少。

（3）随着时代的进步，医疗机构采取了越来越多的便民措施，给病人就医创造了更便捷的条件。

综上，这些原因使得孤独症患儿能够被及时发现，从而得到有效的治疗。

第二章

孤独症的发病情况及病因

国外孤独症患病的流行病学调查结果因不同时期的诊断标准、掌握尺度和调查方法的不一致，得出的患病率也高低不一。

目前，孤独症被认为是一种先天的发育障碍性疾病。虽然具体病因及发病机制尚不清楚，但被认为是一种由于多种生物因素和/或心理因素，包括基因、环境及基因和环境交互作用所致的心理病理过程。

一、孤独症的流行病学调查及患病情况

国外孤独症患病的流行病学调查结果因不同时期的诊断标准、掌握尺度和调查方法的不一致，得出的患病率也高低不一。

20世纪80年代以前

在世界范围，20世纪80年代以前报道的孤独症患病率均在0.05%以下，普遍较低。原因在于此时期对于孤独症的欠缺了解，使用的诊断标准以肯纳标准为主，这个标准具有明显局限性，尤其是对高功能孤独症和阿斯伯格综合征认识不足，因而低估了当时的孤独症患病率。

首个孤独症的流行病学调查是于1966～1967年由心理学家洛特在英国的一个郡进行的。该郡有225万人口。他将22项行为问题问卷邮寄给2000多名教师和所有儿童机构的保育员，收到了97%的回复，从中筛选出88名孤独症可疑患儿。他对收集到的病史进行了详细分析，并对患儿直接进行了检查。最后，有35名儿童确诊为孤独症，患病率为每万名儿童中4.5名。其中具有社会隔离拒绝改变生活环境和生活方式的核心型15例，患病率为每万名儿童中2名。

其后，在1976年，英国医学家温和他的同事在人口普查阶段调查了英国伦敦坎伯韦尔区所有5～14岁的儿童。他们采用两步法：

第一步，由所有小学教师、培智中心教师以及治疗精神病或残疾儿童的医护人员提供有孤独症行为倾向的儿童。

第二步，对这些儿童进行详尽检查，并与他们的家长进行面谈。温和他的同事应用行为调查表将确诊的孤独症儿童分为核心型与非核心型。他们查得前者的患病率为每万名儿童中2名，后者为每万名儿童中2.4名，总患病率为0.048%。

1980年，瑞典科学家戈特伯在人口普查时对4～12岁的儿童应用类似上述的两步法进行孤独症调查。他们对孤独症的诊断标准是：具有与社会隔离的行为和刻板重复、无意义的动作，以及起病于30月龄以前。结果中如有孤独症特征而起病于30月龄以后，则称为其他精神病。调查结果前者为0.02%，后者为0.04%。

20世纪80～90年代

随着20世纪80～90年代对孤独症的研究进入全新阶段，随着对孤独症的患病率调查研究的增多，患病率较前呈上升趋势。随着Rutter标准（路特标准）、DSM-Ⅲ、DSM-IV与ICD-Ⅹ等新诊断的提出，孤独症的定义也在不断变化。此期间孤独症的患病率报道结果不一，主要原因是这一期间诊断标准的变更使"孤独症"一词的使用出现混淆，有时仅指典型孤独症，有时或包含PDD-NOS。

下表显示了1987年12月至1990年3月间在日本京都的小学生中进行的流行病学调查，可以看出在同一人群中由于诊断标准不同所得出的患病率也有差异。京都教育部门规定，第二年4月将进入小学的全体儿童必须经过一次健康检查。凡怀疑有躯体疾病和精神、行为障碍的儿童皆送至相关专家处会诊，属后一类的儿童，由两位精神科医生向家长收集详细病史，在游戏室内对患儿进行直接观察，并利用格赛尔婴幼儿发展量表（GDS，包括坐、走、跑等姿态和平衡等动作，适应、语言和个人社会交往能力）以及比奈-西蒙智力量表（BIS）对儿童心理、行为和智力进行评定，然后对照ICD-Ⅹ和儿童期孤独症评定量表（CARS）分别做出诊断，各求其患病率（见下表）。

日本京都小学生1987～1990年孤独症流行病学调查

日期	入学人数	会诊人数	诊断标准	诊断数	男女比例	患病率
1987.12～1988.3	15617	82	CARS	14	6∶1	0.090%
			ICD-X	8	7∶1	0.051%
1988.12～1989.3	15934	82	CARS	11	10∶1	0.070%
			ICD-X	7	2.5∶1	0.044%
1989.12～1990.3	15657	88	CARS	18	2.6∶1	0.11%
			ICD-X	10	2.3∶1	0.064%

进入21世纪

21世纪以来，随着对孤独症认识的不断加深，以及调查方法的不断完善，孤独症的阳性检出率增加。与此同时，人们开始意识到，孤独症谱系障碍已成为严重的公共卫生问题，是导致儿童残疾最主要的疾病之一，影响儿童健康发育。

据美国疾病控制与预防中心统计，1975年，全美孤独症谱系障碍的患病率为1/5000；2009年，患病率为1/110；2012年，患病率为1/88；到了2014年，患病率已升至1/68。截至2016年，美国国家卫生统计中心发布的报告显示，3～17岁儿童孤独症患病率估计达到了1/45。英国2006年的调查显示，儿童孤独症的患病率为1/100；澳大利亚2010年的调查显示，患病率为1/119。

再看我国的情况，2001年，我国卫生部、公安部、中国残联和国家统计局在联合国儿童基金会的支持下，组织了中国0～6岁六省市残疾儿童的抽样调查，调查包含听力、视力、智力、肢体、精神等五类残疾。本次精神残疾的调查采用了《中国精神疾病分类与诊断标准》第3版（CCMD-Ⅲ）和美国《精神障碍诊断和统计手册》第4版（DSM-Ⅳ）作为临床诊断标准。共抽样调查0～6岁儿童60124人，筛出可疑精神残疾140人，确诊精神残疾61人，精神残疾现患率0.101%，发现0～6岁精神残疾儿童前4位致残原因依次是孤独症、不典型孤独症、脑器质疾病和癫痫。0～6岁儿童精神残疾年平均发现率为0.145%。据此推算，中国每年新增0～6岁精神残疾儿童约为1.5万。本次调查根据2000年第5次中国人口普查人口数推算，中国约有0～6岁精神残疾儿童10.4万，其中孤独症为10万。

到了2016年，根据《中国自闭症教育康复行业发展状况报告》显示，中国孤独症患病率和世界其他国家相似，约为1%，其中0～14岁的儿童患病者达200万以上。该报告统计数据还显示，中国孤独症发病率正不断攀升。虽然这一报告并不是全国流行病学调查报告，里面的数据有待进一步考证，但发病率不断攀升的事实不是耸人听闻。

二、患孤独症的男孩多于女孩，原因何在

全世界各国的研究者已达成共识：孤独症的发病率有性别差异，男孩多于女孩。在肯纳医生首次报告的11例孤独症儿童的研究报告中仅有3名女童，而其余8名均为男童。1967年在英国伦敦等地的调查数据显示男女比例为4.25：1，1985年美国的数据分别显示为3.6：1和4.8：1。总的来说，孤独症发生的性别比率大致为4（男）：1（女）。

不仅如此，很多发生于儿童期的精神行为障碍也是男性多于女性，如精神发育迟滞2：1；注意缺陷多动障碍（ADHD）4：1至9：1；口吃的男孩比女孩多2～4倍；功能性遗尿一周至少1次者，男孩为6.7%，女孩为3.3%；特殊发育障碍一般也多见于男孩。为何会出现这种发病率的性别差异呢?

患孤独症和其他精神、行为障碍的男孩多于女孩，不取决于文化、社会等环境因素，而是取决于机体本身自然的偏向，也称生物性影响。一种理论来源于X染色体的基因变异。研究发现孤独症与X染色体上的一小批基因变异有关。由于男性和女性的性染色体组成不一样（男性：XY；女性：XX），女性

体内若一条X染色体的基因出现错误，另一条可以进行修补，只有当两份基因同时出现错误的情况下才会影响功能；而男性中与Y染色体配对的X染色体一旦出现基因错误便无法修正，从而会出现孤独症的症状。另一种理论来源于男性和女性的性激素不同。性激素造成了男女大脑左右半球结构和功能运作的差异，因此女性的言语障碍发生率要低于男性。此外，性激素还导致男性胎儿的身心发育过程比较晚，从而增加了妊娠中毒的机会和频率。[1]

我国对于孤独症性别差异的研究显示男女比例为6.5：1，广东的临床抽样调查数据显示男女比例为7.7：1，北京也曾有报道男女比例为9：1。为什么我国不同地区男女差别的比例差异如此之大，并且要比西方国家高2～3倍？原因可能与被调查的患儿是来自社区、门诊，还是残疾儿童康复机构有关。与国外的差异可能是因为我们的病例几乎全部来自城市，也可能与重男轻女的传统性别歧视有关。如果我们进行社区全民调查，这个问题会搞得更清楚。

值得注意的是，孤独症女孩的群体本来就较小，研究样本也不足，并且由于女性的社会角色，当同样的孤独症样症状发生在女孩身上，可能会被家长认为是文静或害羞而被忽略，导致了女童的漏诊或者误诊。女童平均的确诊时间要晚于男童。

三、父母背景与孤独症

当代的研究已经表明，孤独症与父母的文化程度、职业、家庭经济地位等没有关系。

首个报道孤独症病例的肯纳医生最初的印象认为，孤独症儿童的父母都

1　徐光兴．自闭症的性别差异及其与认知神经功能障碍的关系．心理科学，2007，30（2）：425-427．

比较聪明，家庭经济和社会地位比较高，这与他只是根据到他诊所看病的人员背景来判断有关。然而直至今日，这种观点依然流行，仍有许多不明真相的公众会认为孤独症儿童都来自高知家庭或者来自生活条件优越的家庭。如果我们进行社区调查就不会出现这些问题。现已证明，孤独症与父母的文化程度、职业、家庭经济地位等无关。这一点与精神分裂症和智力低下儿童不同，后者大多来自经济条件较差、家族中有较多相同病史的家庭。

在我国，文化程度相对较高的人群多分布在城市，并且可以通过各种渠道，如网络、电视、报纸、亲子课程等了解儿童的正常发育情况，从而更早发现孩子与其他正常儿童的差异，及早就诊和治疗。而在农村地区，信息相对贫乏，当孩子出现语言发育障碍或社交障碍时，多会被认为孩子只是不爱说话、不爱搭理人、个性比较强等，从而影响儿童就医，贻误病情。早在1970年，达罗·A. 特雷费特（Darold A. Treffert，精神病学家）就报道了孤独症的患病率在城市与农村地区无明显差异，但是由于患儿父母的文化程度和社会经济水平的不同，患儿首次确诊孤独症的平均年龄有明显差异。[1] 我们所见的孤独症儿童的父母大都是中等以上文化程度，家庭经济条件较好，多从事科技、金融、教育等方面的职业，这可能与其知识水平、识别患病能力、求医的迫切程度、经济状况以及交通条件有关。

父母的生育年龄过大（尤其是父亲的年龄过大）被认为可能是孤独症一个重要的危险因素。许多研究提供了证据表明父亲的生育年龄升高会增加孤独症的风险。在2010年伊朗人群的研究中发现父亲年龄每增加10岁，孤独症风险增加29%。也就是说，与25～29岁的父亲相比，34～39岁父亲的子代有将近2倍风险患孤独症，而40岁以上父亲的子代则有超过2倍风险患病。[2]

---

1 刘肖莉，郭延庆，贾美香．父母的文化程度与孤独症的早期发现的相关性分析，中外妇儿健康，2011，19（4）：75.

2 Karimi，P.，Kamali，E.，Mousavi，S. M.，& Karahmadi，M.（2017）. Environmental factors influencing the risk of autism. *Journal of Research in Medical Sciences*：*The Official Journal of Isfahan University of Medical Sciences*. 22，27. http：//doi.org/10.4103/1735-1995.200272.

国外部分学者报道，孤独症有较多倾向发生于第一胎，但没有说明理由。此前由于我国计划生育政策的实施，城市的独生子女达90%～95%，农村为60%～80%，所以我们见到的孤独症患儿几乎全部为第一胎，但在怀本胎之前有人工流产、自然流产的，也偶见第二、第三胎的患儿。随着我国全面开放二胎政策的落实，学者们将进行相关的研究来进一步验证和阐释这个问题。

四、家庭环境与孤独症

自1943年肯纳首次提出孤独症以来，病因就一直是备受关注的问题。受当时盛行的精神分析理论的影响，包括肯纳本人在内的大多数人认为：孤独症是一种情感性而非躯体性障碍，父母的抚养方式导致了该疾病的发生。早期曾认为，父母教育不当导致儿童焦虑和心理问题，是引起孤独症的重要病因学因素。也有人认为，家庭因素对发病有一定的作用，如有报道称，多数孤独症儿童的父母具有孤僻冷漠、不合群、不善交际、要求完美、亲子关系疏远、缺乏同情心等个性特征。“冰箱母亲”理论就是那个时代对于孤独症病因猜测的产物。半个多世纪以来，医学界进行了大量的研究。现今对孤独症是由于养育方面不尽如人意的说法已经废弃。这种说法会给父母造成罪恶感和内疚感，有碍于父母以积极的态度配合医务和教育工作者对患儿的康复治疗。尽管如此，并不是说，家庭环境与教养方式对孤独症无足轻重。良好的家庭气氛、和睦的双亲关系对孤独症儿童的培养教育及促进其社会化有积极的作用，相反，不良的家庭环境对孤独症儿童的预后是不利的。

不良的家庭环境主要指父母不和、分居、离异、家庭气氛紧张等因素。教养不当包括过分保护、溺爱、惩罚及母爱剥夺等。家庭环境不良与教养方式不当会使儿童的情绪和行为障碍以及品行障碍的发生率明显增加，使孤独症儿童的沟通与交往障碍更加突出，预后亦相应受到影响。

五、妊娠围产期因素与孤独症

目前，孤独症被认为是一种先天的发育障碍性疾病。虽然具体病因及发病机制尚不清楚，但被认为是一种由于多种生物因素和/或心理因素，包括基因、环境及基因和环境交互作用所致的心理病理过程。许多研究对孤独症儿童在胎儿期和围产期的危险因素进行研究，以探讨他们对孤独症患病的影响。

妊娠期危险因素

母亲妊娠期不良的健康状况，如代谢综合征、孕期出血、孕期感染等，与儿童孤独症相关。有研究结果显示，母亲孕期出血会增加81%儿童患孤独症的风险。妊娠期代谢综合征，包括糖尿病、高血压和肥胖，会导致宫内缺氧，从而影响胎儿大脑的正常发育。另外，母亲的精神健康状况也与儿童患病相关。21～32孕周是胎儿形成和发育可塑性的强化时期，在此期间孕母若出现抑郁、焦虑或压力过大等不良精神健康状况，可能会通过表观遗传的机制传递给胎儿，表达为胎儿的应激反应基因，从而引起神经生物、代谢和生理方面的变化。[1]

围产期危险因素

围产期是指怀孕28周到产后1周这一分娩前后的重要时期。国内一些学者

---

1 Karimi, P., Kamali, E., Mousavi, S. M., & Karahmadi, M. (2017). Environmental factors influencing the risk of autism. *Journal of Research in Medical Sciences: The Official Journal of Isfahan University of Medical Sciences*. 22, 27. http://doi.org/10.4103/1735-1995.200272.

通过对比孤独症儿童和正常儿童（对照组），发现孤独症组在围产期有不良因素显著多于对照组。早产、低出生体重、出生时窒息、剖宫产、难产、缺氧等围产期危险因素被报道与孤独症相关。早产原因为胎盘功能失调、宫内感染和自体免疫等问题可能导致胎儿缺氧，孕32～36周出生的早产儿增加了神经受损的危险性。因此，早产儿较正常出生者可能具有更多的围产期危险因素，而几个危险因素共同作用使得儿童患孤独症的风险增加。[1]

六、遗传因素与孤独症

肯纳所报道的11例孤独症都是在出生后不久就显现出孤独症的症状，因此他认为孤独症儿童生来就有缺乏与人建立情感联系的能力。那么，遗传因素究竟是不是孤独症的病因呢？很多学者对此进行了遗传学研究。

双生子同病率研究

双生子有两类，一类是同卵双生子，由一个受精卵变异分裂，而后发育成两个婴儿，属同性别，他们的遗传因子相同；另一类是异卵双生子，由两个受精卵分别发育成两个婴儿，他们的遗传因子并不完全相同，相当于是同时出生的同胞兄弟姐妹。由于同卵和异卵双生子在遗传上的差异性，人们常以之为对象，研究遗传与环境因素对病因或后天行为的不同影响。若双生子中的一个患孤独症，另一个不患孤独症，可计算同病率的差异，以说明遗传程度。美国科学家福尔斯斯坦等1977年研究发现，21对同性别双生子中，同卵双生子11对有4对同患孤独症（占36%），而10对异卵双生子中则无一对。另有瑞典儿童精

1　宋丽华，李素水，孙志刚等．围产期的应激因素与孤独症谱系障碍关系研究进展．临床精神医学杂志，2016，26（1）：61-63．

神病学家斯蒂芬伯格1989年报道，北欧国家同卵双生子的同病率高达91%，而异卵双生子同病率为0。

流行病学调查显示异卵双生子同病率约为5%～10%，而同卵双生子的同病率在60%～90%，超过一般群体30～100倍。理论上，同卵双生子是由一个受精卵分裂而成，它们的遗传基因均等，同病率应为100%，而实际上只是60%～90%，其中差异必然有其他因素的影响。有些学者提出，孤独症是在遗传因素和脑损害（如出生时婴儿脑损害）相结合的基础上发生的；也有人认为，孤独症有遗传成分，而出生时窒息缺氧、脑轻微损伤等起到了辅助作用。

家庭研究

有研究报道称，孤独症儿童的同胞兄弟姐妹中，2%～6%也患有孤独症。与一般群体的患病率相比，要高出50倍。有些学者发现，孤独症患儿的兄弟姐妹中，患有认知障碍（包括孤独症、精神发育迟滞、学习障碍）和/或语言一言语障碍者有6%～24%之多。再根据双生子研究，有些学者提出，孤独症是以遗传倾向性为基础的认知障碍中的一种表现，其轻者为学习障碍，而其最为严重者即孤独症。

另有一些由遗传因素引起的结节性硬化、苯丙酮尿症、脆性X染色体疾病等伴有孤独症的也不少见。

七、神经生理异常与孤独症

随着科学的发展，神经解剖和神经影像学研究可以帮助发现孤独症儿童的神经生理异常。CT（电子计算机断层扫描）检查只发现少数孤独症病人有显著异常，如脑穿通性囊肿，又如两侧大脑半球不对称、脑室扩大等，但多数病人无此现象。MRI（脑部核磁共振）对脑组织检查更为细微。有部分学者对孤独症组和正常组做中间、前后向的核磁共振扫描检查，发现孤独症组比对照组第四脑室明显增大，整个脑干则明显为小。如做冠状（从头顶）扫描则发现，孤独症组较对照组的小脑为小，而第四脑室则较大。有些学者还发现，孤独症组较对照组小脑显得发育不良。即使在尸体解剖时，孤独症组的小脑异常也始终存在。但这与孤独症的病因有何联系尚不明确。

由于孤独症病人尸体解剖中部分并无异常发现，部分发现在小脑、海马和杏仁核有细胞的结构变化，但由于样本较少，这些发现的意义尚不清楚。

八、神经生化改变与孤独症

神经生化方面的研究曾发现，30%以上的孤独症儿童全血中的5-羟色胺（5-HT）水平增高，提示孤独症儿童可能存在神经生化改变。研究孤独症的神经生化学问题，也就是研究突触和中枢神经递质的问题。过去不少研究一致提出，约1/3的孤独症病人有高5-羟色胺血症，但是用降5-羟色胺药物芬氟拉明进行治疗，并未见到效果。现在多数研究已证明，血液中5-羟色胺水平高低与孤独症症状不存在必然联系，且有些重度精神发育迟滞患儿也存在这种现象。

脑中多巴胺系统影响行为和多种功能，包括认知和动作功能，如吃喝行为、性行为、神经内分泌调节和选择性注意等。现用神经阻滞剂对多巴胺受体起阻滞作用，对控制孤独症的过度活动、刻板重复行为、攻击和自伤行为等有效，使他们较为顺从，对接受特殊教育有帮助；若使用多巴胺增强剂，如哌甲酯等兴奋剂，可以使上面所提到的那些症状变得更坏。

脑内鸦片活性肽的问题曾引起研究者的注意。因为鸦片成瘾者与孤独症患者有不少相同之处，如感情迟钝、与社会隔离和痛觉迟钝等，所以对孤独症病因有内啡肽假说。有些医生采用拮抗鸦片的盐酸纳曲酮治疗孤独症，服用后可起到减少活动过度、自闭、刻板重复动作、自伤和伤人等作用，有部分患儿还增加了自发言语和与外界沟通的活动。这一假说和盐酸纳曲酮治疗尚处于初步实验阶段，需要更多的病例做进一步的研究和证实。

九、神经疾病和免疫功能缺陷与孤独症

免疫学家发现，在孤独症患儿身上细胞因子的炎症标志物水平高于正常发育儿童，患有退行性孤独症的孩子显示有持续炎症的征兆，但尚不清楚这些炎症标志物跟孤独症之间的联系。

原来的一些研究发现，孤独症儿童的血液和脑脊液中存在一种异乎寻常的抗体，由于孕妇感染风疹、流感或其他病原体，或接触某些有害物质等，使胎儿受到感染和损害而致病。最新的研究结果显示，母亲孕期感染的确会增加儿童患孤独症的风险。[1]研究人员在动物模型中发现，当母亲发生孕期感染时，母体特定肠道微生物诱导的免疫细胞会产生大量的白介素-17a（IL-17a），并通过胎盘屏障进入胎儿体内，胎儿暴露于母体产生的大量IL-17a环境中，导致特定脑部变化区域出现“斑块”，从而影响子代中枢神经系统的发育，使其出现孤独症等行为异常。[2]

---

1 Jiang，H.Y.，et al.. Maternal infection during pregnancy and risk of autism spectrum disorders：A systematic review and meta-analysis. Brain Behav Immun. 2016，58：165-172.

2 Kim，S.，et al.. Maternal gut bacteria promote neurodevelopmental abnormalities in mouse offspring. Nature. 2017. 又见：Shin，Y.Y.，et al.. Reversing behavioural abnormalities in mice exposed to maternal inflammation. Nature，2017. 又见：Choi，G.B.，et al.. The maternal interleukin-17a pathway in mice promotes autism-like phenotypes in offspring. Science. 2016，351（6276）：933-9.

国外有几项孤独症神经系统疾病的研究发现，30%～75%的孤独症儿童有多种神经系统异常的体征，如肌肉张力增强或减低、动作笨拙、舞蹈样动作、病理反射、肌阵挛、姿势和步态异常、颤抖和眼斜视等。这是基底神经节（大脑半球深部的神经核，即大脑皮层与脊髓相连的锥体系以外的神经核）功能失调的征象。鉴于成人有脑损伤出现的类似征象，所以有些学者认为，孤独症是由于出生时病毒感染、脑室流出区损伤等所引起的基底节功能失调的结果。但这个假设作为孤独症病因的真实性尚有待证实。

孤独症病因的探索道路是崎岖的。曾经出现过麻腮风三联（MMR）疫苗导致孤独症的说法，尽管后来大量的研究结果揭示了接种MMR疫苗与孤独症风险之间没有相关性，但是这种说法仍然存在，使得接种疫苗的人数有所降低，导致近年来麻疹疫情卷土重来。因此，家长要认真筛选接触到的大量媒体信息，各位学者、医生、教师也要秉承科学严谨的态度及时做好宣传教育工作。

十、其他与孤独症相关的危险因素

随着对孤独症谱系障碍的深入研究，人们发现了更多关于孤独症的秘密。下面简要介绍一些近年来新发现的相关危险因素。

维生素D与孤独症

维生素D的主要作用是调节钙磷代谢，并影响骨骼的生长和发育。长期以来，缺乏维生素D一直被认为是引起儿童时期佝偻病的主要病因。近年来，人们发现维生素D在胎儿期及其生命早期脑发育中也发挥了重要作用。有研究显示，孤独症患儿外周血中维生素D的水平显著低于正常儿童，另有研究发现孤独症患儿自出生至儿童期持续存在维生素D水平的降低，提示维生素D缺乏可能是孤独症谱系障碍的病因。美国的一项研究通过对孤独症患儿和正常儿童及其家庭进行的DNA多态性研究发现，维生素D代谢相关基因异常可能引起维生素D缺乏，并在孤独症发病中起一定作用。[1]

肠道菌群失调与孤独症

约9%～70%的孤独症患者有不同程度的胃肠道症状，包括腹泻、便秘、腹胀、腹痛等，因此学者们开始探讨孤独症患病过程中是否存在肠脑互动改变，以及肠道微生态失调是否也是病因。人类肠道菌群是一个复杂的微生物生态系统，在调节宿主本身健康过程中起重要作用。在美国的遗传、环境与儿童孤独症患病风险的项目中，研究者发现孤独症儿童的胃肠道症状发病率显著高于正常儿童，且在孤独症患儿当中有频繁胃肠道症状的儿童，其社会交往退缩、刻板、多动、烦躁不安的程度更严重。随着新技术的发展，研究者在孤独症群体中发现了许多肠道菌群失衡，例如孤独症患儿有更高水平的脱硫菌属、萨特菌和瘤胃球菌属，较低的拟杆菌/厚壁菌比例等，这些结果皆提示孤独症患者肠道存在微生态失调，且检出的细菌有可能是疾病发生发展的潜在生物标记物，更有可能是联系微生物-肠-脑轴的重要纽带。[2]

环境污染与孤独症

随着工业化的发展，环境污染已成为严重的世界公害，并且这些问题会严重影响胎儿和生长发育中的儿童。有关孤独症谱系障碍形成的环境作用机制研究显示，孤独症的发病可能与神经毒性物质有关——神经毒性物质可直接破坏神经系统的发育，或者间接造成神经发育异常。国外的研究结果显示，空气

---

1 单玲，胡晓兰，王冰等．维生素D在孤独症谱系障碍中的作用研究进展．中国当代儿科杂志，2016，18（2）：183-188．

2 傅锦坚，张玉，李红辉．孤独症与肠道菌群失调的研究进展．中国儿童保健杂志，2017，25（3）：255-257．

污染中的重金属污染物和总悬浮颗粒物都与儿童发生孤独症的风险相关，长期暴露于空气污染会增加孤独症的发病率，其作用机制可能与增加氧化应激或破坏血脑屏障功能等有关；难降解的有机污染物，如杀虫剂、多溴联苯醚、塑化剂等作为环境内分泌干扰物可能影响胎儿神经发育，从而增加儿童患孤独症的风险，二者之间的关联性有待进一步研究提供证据；可降解的有机污染物，如邻苯二甲酸酯，不仅会干扰甲状腺计算代谢，还会影响DNA甲基化，具有生殖和发育毒性，瑞典的一项研究发现室内邻苯二甲酸酯超标会增加孤独症的发病率。总之，环境污染是全世界普遍问题且危害巨大，未来这方面的研究会为我们揭示更多有关孤独症的危险因素。[1]

---

1 苏贤，钟燕．环境污染与孤独症谱系障碍关系的研究进展．中国儿童保健杂志，2016，24（4）：387-389．

第三章

孤独症儿童的生长发育特点

孤独症患儿的发育明显表现出不均衡。他们的语言表达能力很差，很难用语言表达自己的内心体验，也很难理解别人的感情。他们不会把语言作为与人交流的工具，而只是单调地、自言自语地讲些别人完全无法理解的语言。他们缺乏与人交往的意识，不会与伙伴玩耍，不能发展友谊——有些患儿在很小的时候就表现出孤僻、离群、缺乏对亲人的依恋、回避别人的目光、拒绝被人拥抱或爱抚。他们很难在物体与事件之间建立联系，对简单的童话故事内容也难以理解，整天机械地重复某个刻板动作，如不停地蹦跳或看手，专注旋转的物品；玩玩具积木的拼搭时，总固定于某一种定式的摆放，而且不能更改或变化，否则就要大发脾气。总之，在孤独症患儿成长的过程中，这种特殊的不平衡的发育应引起父母的高度重视。

一、正常儿童的生长发育

根据儿童的解剖、生理和心理特点，一般将儿童年龄自出生后分为以下几期：新生儿期、婴儿期、幼儿期、学龄前期、学龄期和青春期。儿童生长发育是一个连续的过程，各期之间既有区别又有联系，不能截然分开。了解各期的发育规律和特点，抓住发育的关键期，能够促进儿童更好地发育。

儿童的生长发育，包括身体、心理两部分，并且在各年龄阶段的身体及心理的发育又有不同。生长和发育贯穿于胎儿和儿童期的全过程。生长是指随年龄增加，身体各器官和系统的长大，主要是形态的变化，是量变。发育是细胞、组织、器官功能上的分化与成熟，是质的变化。生长是发育的物质基础，二者密不可分，是连续的过程。这个过程遵循着一些普遍的规律。

新生儿期

自脐带结扎至生后28天，此期包含在婴儿期中。婴儿刚刚脱离母体，是逐渐适应母体外环境生活的过渡期。睡眠时间较长，平均每日均需要16～20小时。新生儿期是婴儿期增长最快的阶段，正常足月新生儿生后第一月龄体重增加可达1.0千克～1.5千克，身长增长为4厘米～5厘米。具有追视、追听的能力。在孩子觉醒时，利用各种方式进行视听刺激，能够促进新生儿视听能力发展。新生儿很容易疲劳，一般每次视听训练10分钟。

婴儿期

自出生1周岁以内。此期生长发育速度比较快，系一个生长高峰期。

（1）运动发育

婴儿期是儿童发育过程中各能力发育最迅速的时期。运动发育是神经系统发育的一个重要标志。婴儿从先天的无条件反射到形成复杂的运动技能的发展过程是有着比较严密的运动发育规律的。

儿童婴儿期大动作发育情况

月龄	发育状况
3	能肘支撑抬头45°
4	能稳定地用肘支撑抬头90°，能从仰卧位翻至俯卧位，两手能在中线位玩儿
5	能双手或前臂支撑抬头90°，能扶着腋下跳跃
6	能前倾坐，能从俯卧位翻至仰卧位
7	能独坐，能扶站
8	能扭身坐，能腹爬
9～10	能四点爬，能抓站或独站
11～12	能牵手走或独立走

儿童婴儿期精细动作发育情况

月龄	发育状况
3～4	握持反射消失，双手能凑到一起在眼前玩儿
5	碰到手时出现主动抓握，但动作不准确，往往用双手去拿，把物体放口中
6	能用全手抓积木，玩自己的脚，能拿取悬垂在胸前的物体
7	能用拇指及另外两个手指握物，玩积木会换手，会模仿对击积木
8	能用拇指和三指捏起桌上的小物体；喜欢把玩具放入口中咬、敲打或摇晃等
9	能用双手拿积木对敲，能用拇指和食指捏起小物体
10	能用拇、食指拾物，能用食指触物；能扔掉手中的物品
11～12	喜欢将物体扔到地上听响，能用拇指与食指捏较小的物体，单手能抓2～3个小物体，能全手握笔在纸上留下笔道

（2）语言发育

儿童婴儿期语言发育情况

月龄	发育状况
3	有时会发出“啊”“喔”的声音，好似与妈妈谈话
4	有时会发出“咿”“呀”的声音，对成人的话有反应
5	可发喃喃的单音节字
6	能听懂自己的名字
7～8	能理解“不”；能发简单音节，如“打打”“爸爸”等
9～10	懂得“不”，懂得一些简单的单词；可建立语言与动作联系
11～12	会用手势表示需要，能听懂简单语言，有的婴儿会有意识地叫“爸爸”“妈妈”等

（3）认知发育

儿童婴儿期认知发育情况

月龄	发育状况
5	喜欢望着镜中人笑，会玩藏猫猫，看到奶瓶会高兴
6	能够认出妈妈的脸，能够区分熟悉的人和陌生人，从镜子里看出自己会微笑
7～8	对周围事物的兴趣提高；能注视周围更多的人和物体；喜欢在室外看汽车，看天空的小鸟；能找藏起来的玩具
9～10	看镜子里的自我形象，认识自己的存在
11～12	会指认室内很多物体及自己的五官；会听成人指令拿东西，模仿大人做家务

（4）社会交往

儿童婴儿期社会交往情况

月龄	发展状况
2～3	出现社会性微笑
3～4	高兴时手舞足蹈，4月龄时逗引会笑出声
5～6	能认识妈妈，辨认出妈妈的声音，妈妈离开时会转头寻找；会对陌生人表现出惊奇
7～8	能区别熟悉的人和陌生人，能对不同的表情做出不同的反应；对母亲的依恋情绪逐渐建立
9～10	可以表现出“欢迎”“再见”，处于认生高峰
11～12	会说“不”

幼儿期

自满1周岁至3周岁。幼儿期生长速度减慢，第二年体重增加约2.5千克～3千克，即2岁时体重约为12千克～13千克，约为出生体重的4倍；出生后第二年身长平均年增长约12厘米，即2岁时身长为87厘米～89厘米；2岁时头围约为48厘米，约达成人头围的90%。2岁以后每年体重平均增加2千克，身长增加5厘米～7厘米。婴幼儿时期是脑发育最快的时期。3岁内20枚乳牙已全部萌出。

幼儿期神经心理发育迅速，是个性形成的关键期，也是语言表达的关键期。自我意识形成，出现第一个违拗期。

（1）运动发育

儿童幼儿期大动作发育情况

月龄	发育状况
13～15	能独立走稳，能扶着扶手上下楼梯，能蹲着玩儿
16～18	能蹲下捡东西，接着站起来再走；能独坐小凳；能弯腰拾物；能抬脚踢球；能抛球；能扶栏上楼；开始学跑

续表

月龄	发育状况
19～21	能倒退走和侧方走，跑步时可控制速度及绕开障碍物
22～24	能独立扶着或不扶栏杆上楼，开始学跳，能跑得稳
25～30	能稳定地上下楼，能双足离地跳，能用足尖走，能单足站立1～2秒，开始学三轮车
31～36	能踮着足尖走或以足跟走，能双足跳远，能单足跳

儿童幼儿期精细动作发育情况

月龄	发育状况
13～15	能搭2～3块积木，能全手握笔，能打开盒盖，能倾斜瓶子倒出小物体
16～18	能搭3～4块积木，能用小线绳穿进大珠子，用匙外溢，能几页几页翻书，能将小丸放入小瓶并从小瓶取出
19～21	能搭4～5块积木，能用双手端碗，能模仿画线条，但不像，会把圆形、方形、三角形放入对应的孔内
22～24	能搭6～7块积木，能转动门把手，能逐页翻书，能正确用勺，能开始用手指握笔，能模仿画垂直线，用匙稍外溢
25～30	能搭8～9块积木；能模仿画直线，逐渐可以模仿着画出较像的水平线和交叉线；会脱袜子，逐渐学会穿裤子、短袜和便鞋，解开衣扣
31～36	能搭9～10块积木；能模仿画较像的圆形、十字；会系纽扣；能向杯中倒水，可以控制流量；折纸时能折成正方形、长方形，且边角整齐

（2）语言发育

儿童幼儿期语言发育情况

月龄	发育状况
13～15	进入语言理解阶段，有意识地叫“爸爸”“妈妈”及称呼周围熟悉的人；能用几个单字表达自己的意愿，听懂成人简单指令；开始用肢体语言或声音回应成人语言，如摇头表示“不”
16～18	能理解20个左右的词汇；说话积极性高，能说出自己的名字、某些要求和实物，会说15～20个字；18月龄左右开始说2～3个词组合起来的语句，如“宝宝帽帽”等

续表

月龄	发育状况
19～21	儿童语言进入双词句阶段，表达范围明显扩大，语词大量增加
22～23	能表达2～4个字的短句，能回答简单的提问，能背一些儿歌
24～30	能理解约400个字左右；能使用一定数量的简单修饰语，如“两个娃娃玩积木”；能拿图书要求你给他讲；能用动作和语言表示眼前所没有的东西
30～36	表达词汇显著扩增，复合句明显增加，基本能够表达日常生活中经历的所有事情；词汇的概括性增加，不仅代表个别具体事物，还可代表一类事物；会说自己的姓名；懂得人称代词并会应用

（3）智力发育

儿童幼儿期智力发育情况

月龄	发育状况
13～18	逐渐认识常见的实物，认识五官；逐渐理解物品的使用功能；想象性游戏逐渐增多
19～24	能指认并说出家庭主要成员的称谓，能掌握50～60个单词，能理解大人所说的大部分内容
25～30	可能辨别上下、里外，知道大小、多少等相反的概念；能识别简单形状；逐渐会使用象征物，喜欢玩象征性游戏
30～36	能分辨长短、前后；可表示简单的情绪和愿望；对陌生人恐惧减少；会点数到3。36月龄是进入幼儿园的年龄，这时的孩子已逐渐开始适应集体环境，会与小朋友进行简单的交往及聊天式的讲话，逐渐会参与集体游戏，会自己控制，并表示大小便。

（4）社会交往

随着各方面能力的不断提高，儿童开始对小伙伴感兴趣，可排队等待，可玩集体游戏。喜欢显示自己的成功，并感到自豪。做错事时，他会感觉到内疚或不安，注意成人对自己的评价。

学龄前期

自满3周岁至6岁。学龄前期儿童的体格生长较幼儿期缓慢，一般每年体重增长约2千克，身高增长5厘米～7厘米。学龄前期儿童体格生长发育主要受遗传、内分泌因素的影响。大脑发育接近成人。运动、认知、情绪能力迅速发展，是性格形成的关键期。养育环境与理念同儿童运动发育有关，如家长经常带儿童参与各种户外运动，并重视在日常生活中让儿童承担一定的家务和自身清洁任务，那么儿童的运动能力较强。反之，成长环境缺乏运动的儿童可能因平衡和前庭功能失调而显得运动笨拙。

（1）运动发育

儿童学龄前期大动作发育情况

年龄	发育状况
3～4	能双脚交替上下楼梯；骑三轮车；从较高处跳下；单脚站立5秒左右；扔球时可将球高举过头，并可较准确地将球扔向目标；扭转身体以帮助手臂投掷；向前踢球；在成人帮助下穿衣服、如厕
4～5	能足跟对足尖沿直线向前
5～6	能交替双脚跳跃；原地向上跳，跳绳；走直线；拍球，踢球，并能边跑边踢

儿童学龄前期精细动作发育情况

年龄	发育状况
3～4	能搭10块积木，能一只手拿杯子，能用剪刀
4～5	能正确握笔，模仿画出方形，能画出人体至少3个部位；能剪纸；能穿衣、扣扣子、拉拉链；能很好地用筷子
5～6	能临摹自己的名字，能画开放的方形和闭合的圆形，能帮助家长做一些简单的家务劳动

（2）语言发育

学龄前儿童的语言能力迅速发展。学龄前儿童已掌握了丰富的词汇量，4岁儿童平均掌握1600～1800个词汇，5岁时平均掌握2500个词汇，6岁时平均掌握3500个词汇。

儿童学龄前期语言发育情况

年龄	发育状况
3～4	理解能力与思维能力较好，但表达能力有限，有时会出现不流利或口吃；急于表达自己的意思时易出现词语的重复；反复提问是学龄前儿童的标志性特点，是儿童学习的一种方法，也是具有强烈好奇心的表现，体现了儿童思维的发展
4～5	基本掌握各类词汇的运用和各种语法结构，可用较复杂的语句进行表达；会讲故事；能复述简单事情，描述自己参与活动的细节；可以表达自己的思想和愿望

（3）智力发育

儿童学龄前期智力发育情况

年龄	发育状况
3～4	能辨别圆形、方形和三角形；能辨别上下方位；能按物理特征分类（如长短等）；一般能注意到事物外部鲜明的特征
4～5	能认识椭圆形、菱形、五角形等形状；能辨别前后方向；开始发展时间概念，但很不准确，多不能正确区分早、中、晚；可按大小、形状和颜色将物品进行分类；开始注意事物不明显的特征、事物间的关系
5～6	能以自身为中心辨别左右方位；逐渐掌握一周内的时序、一年四个季节和相对时间概念；能按属性分类；能够注意事物的内部状况、因果关系；会模仿大人做饭、收拾屋子、洗衣服等；会主动要求交朋友；会观察周围人的表情及动作，关心周围环境的变化；能控制自己的行为；能在教室中安静听课20分钟或更长

学龄期

自6～7岁至青春期前。学龄期儿童与学龄前期儿童体格生长速度相似。体重每年增长约2千克，身高每年增长5厘米～7厘米。此期除生殖器官外，各器官外形均已与成人接近，智能发育更加成熟，可接受系统的文化知识学习。除生殖系统外，其他系统、器官的发育已接近成人，机体免疫系统功能增强，患病率明显下降。

（1）运动发育

学龄儿童肌肉逐渐发达，大动作的协调性得到最为迅速的发展，体能也在稳步增加。随着运动能力的发展，儿童处理视觉、听觉信息的能力也随之增强。6～7岁儿童已经能比较好地组织和完成复杂的动作。10岁以后的儿童不仅在运动中掌握了更多的运动技能，而且更具配合性，能够完成有规则的集体运动。适当的运动不但促进儿童的体格发育，更能提高儿童的注意力、学习效率，而且集体性的运动可以增强伙伴关系，培养自信心。

精细动作的反应速度更快，精确性更高。小肌肉的协调发展使儿童能进行更复杂的手工操作，促进动手能力和学习能力迅速发展，如书写、绘画、弹奏乐器等能力大大提高。

（2）语言发育

学龄期儿童神经系统发育较成熟，儿童的语言发育不仅体现在词汇量的持续增加，而且体现在能够更加正确地使用语言。6岁儿童的词汇量为3500～4000个，语言使用上更加完善。5～6岁出现对“因为”“为了”“结果”等连词的使用。6岁儿童能较好地理解常见的被动语态。7岁以后能恰当地使用被动语态和条件语句，对句子的理解能力有所提高。9～11岁儿童语言推理能力和察觉隐含意思的能力显著提高。语言的表达能力进一步加强，口语表达能力更加完善，读写能力随着学习的深入而不断提高。

（3）认知发育

学龄期儿童感知觉能力发育成熟，促进学习能力不断得到提高。判断能力、推理能力逐渐发展起来，自己的想法越来越多。注意力明显提高，有意注意逐渐发展，注意具有更高的选择性和目的性。

此期儿童开始进入小学接受正规的义务教育，并且懂得要学会遵守学校的各种规章制度和纪律，接受和完成小学阶段的学习任务——按照教学大纲的要求完成不同科目的达标学习任务（如体育、手工、画画、音乐，语文、数学、英语的达标学习等）。此期儿童已经具备了一定的独立性，开始在老师的教导下，逐步自觉地、独立地、有计划地、有意识地去观察各种事物，并凭借自己的兴趣、能力，去摸索、分析和处理身边的各种事情，不断加以总结，逐渐完善、提高自己的认知及思维能力。他们由一个小娃娃变成一个学生，开始在学校内进行正规的、系统的学习。学习成为他们的主要活动。

二、孤独症儿童的发育特点

孤独症儿童生长发育的最大特点是什么？有哪些表现？他们的哪些行为应该引起家长的高度警觉？这是家长必须了解和知道的。

正常儿童的各方面发育应是比较均衡的，有时按照孩子的年龄计算，在某些领域可能有提前或滞后，但一般相差不会太多，不应超出正常范围（不超出6个月）。而孤独症患儿的发育则明显表现出不均衡。他们大多数起病于婴幼儿时期，有的患儿可能在1岁半左右就开始有意识地说话，如叫“爸爸”“妈妈”及家中的亲人，并会提些简单的要求——吃饭、喝水、吃糖、吃水果、撒尿等，可以主动与亲人打招呼，说“拜拜”，但到两三岁却渐渐不说了。有的患儿能像其他孩子一样流利地数数，甚至表现出非凡的算术才能，或可以认识好多汉字以及很多的外语单词。但是，他们的语言表达能力很差，很难用语言表达自己的内心体验，也很难理解别人的感情。虽然他们能认识很多汉字，看起来似乎智力超常，但对所学汉字的意思缺乏理解。有的患儿即使有语言，也是鹦鹉学舌似的机械重复别人的话，而且不会正确使用代词，常常把“我”“你”“他”代词颠倒混用。他们不会把语言作为与人交流的工具，而只是单调地、自言自语地讲些别人完全无法理解的语言。他们缺乏与人交往的意识，不会与伙伴玩耍，不能发展友谊——有些患儿在很小的时候就表现出孤僻、离群、缺乏对亲人的依恋、回避别人的目光、拒绝被人拥抱或爱抚。他们很难在物体与事件之间建立联系，对简单的童话故事内容也难以理解，整天机械地重复某个刻板动作，如不停地蹦跳或看手，专注旋转的物品；玩玩具积木的拼搭时，总固定于某一种定式的摆放，而且不能更改或变化，否则就要大发脾气。总之，在孤独症患儿成长的过程中，这种特殊的不平衡的发育应引起父母的高度重视。

三、孤独症儿童的记忆特征

记忆是思维的基础，如果一个人没有记忆，他将会怎样呢？如果不会记忆，又该是何等痛苦啊！

人们的记忆过程是将生活中所见过的、听过的、想过的或做过的事情记在脑子里，以后能回忆起来，也就是把过去经历的事情在头脑中重新反映出来。对于正常儿童来讲，随着年龄的增长，接触的事情越来越多，知识积累也越来越多，记忆会越来越容易。凡是能理解的东西就记得快、记得牢。如教孩子理解名词和动词，孩子对图片中的相应实物、动作能够联系起来，并通过自己的实践去理解相应词的内容，在现实生活中表达出来，这样的记忆是十分有价值的记忆。

而孤独症儿童的记忆特点则不同，他们相比同龄正常儿童往往对数字及文字的机械记忆力明显增强，却缺乏与具体的现实生活的联系，也缺乏对事物之间的联系和理解。例如，有的孩子只是机械地重复和模仿一些无意义的数字，对加减乘除的机械运算、推导以及对日历的推算表现出惊人的兴趣；对城市天气预报及某些城市名字的顺序从不颠倒，有明显的记忆能力，但他们的语言表达、记忆却差得出奇。有的孩子上了一天幼儿园，回家妈妈问他吃什么饭了都记不住，也不能正确回答其他问题，甚至上幼儿园一个学期了连小朋友的名字、自己在哪班都记不住。他们存在有明显的语言及交往障碍，对周围的环境及人物采取了视而不见、听而不闻的漠然态度，所以对身边应该能记住的一些简单事情，或曾经反复教过的一些简单词汇也难以记住。

四、孤独症儿童的思维特征

“‘过家家’，我不知道；和小朋友一起玩儿，我不会。”这些同龄孩子看起来最愉快的事情，孤独症儿童做起来却异常艰难。

思维是一种积极的、有目的的活动，是人脑对客观事物的概括、间接的反映。刚出生的正常婴儿是很少有思维能力的。大约半岁以后，尽管他还不会用语言说出自己的疑问，但已开始对这个世界充满好奇，逐渐学会运用直观的手段去看、去听、去触摸，以拓宽自己的思维能力，丰富自己的知识。随着孩子年龄的不断增长，接触的事物也会逐渐增多，对外界的好奇逐渐可以运用语言或表情动作来表达，如开始会提出简单的问题，会问“这是什么”“那是什么”“他怎么了”等。孩子要提出问题，首先通过观察，然后去想象、理解，然后再寻求答案，这都是他在用大脑积极地去思考，去想这些问题的过程。

可孤独症儿童却不然，由于他们不能积极地与外界环境接触，有严重的社会交往障碍，使得他们的思维发展受到限制。他们缺乏对环境的探索，语言发育明显落后，拒绝与同龄孩子交往，很难参与集体游戏活动。大多数孤独症儿童不懂什么是“过家家”，不会用玩具来表示替代“爸爸”“妈妈”“孩子”，不会表示做饭、吃饭、洗手、睡觉，或看病、听诊、打针、吃药等情景，更不会设计和想象家庭及医院的情景。他们不会扮演角色，且对角色游戏根本不感兴趣。即使把他强迫拉入游戏中，过不了很长时间，他会逃离集体环境，躲在一边自娱自乐，使别人无法去理解他。相反，他会对一些不是玩具的非生命物体感兴趣，如一根线绳、一分钱硬币，可以使他长时间地、不停地摆弄或旋转，并可以表现得很愉快，不停地边玩边蹦跳，还发出无意义的音节。这使我们看出，他们的思维活动与正常儿童形成明显的差异。

五、孤独症儿童的情绪特征

情绪是一个人内心世界的外在表露形式，是对外界变化事物的客观反映。孤独症儿童用攻击他人或沉默的方式表达他们的感受，表现他们的情绪。

儿童的情绪发展取决于遗传和环境因素的共同作用。在整个儿童时期，情绪的分化在不断增加，儿童情绪的发展不断受到认知行为结果的影响。正常儿童在出生后就会哭叫，即表现有了情绪的反应，但此时的情绪尚未分化。随着年龄的不断增长，与人交往的机会增多，接触的社会环境不断增加，情绪的变化与社会需求的联系更加密切。人们常说的喜、怒、哀、乐等情绪也更加明显地表现出来。面对父母的离去、亲人的故去、家庭的变故，儿童都会表现出明显的、相应的情绪变化，并可与周围环境产生共鸣，与熟悉的人分享快乐和悲伤。

孤独症儿童却不同，由于存在明显的语言发育落后及社会交往能力的障碍，他们往往只会哭闹、叫喊、发脾气，以及自伤、攻击他人，或用冲动来表达他们的情绪反应。当父母离开或家庭发生变故的时候，他们不会表现出焦虑、恐惧、害怕或紧张。对父母的离去，他们也并不表现出任何的依恋，而是不关心、毫无反应，如同没看见一样。他们在幼儿园或集体中也不能与伙伴发展友谊，周围环境的改变也难以引起他们的注意。相反，也有少部分孩子对环境的改变表现出烦躁不安，难以适应。由于他们的语言发育表达能力落后，只会通过哭闹、叫喊或以饮食、睡眠的改变代替他们的情绪反应。他们多数缺乏与人对视、交流、沟通的眼神，而且很少去关心和体验亲人的表情及情感反应，他们与正常儿童有着明显不同的情绪体验。

六、孤独症儿童的依恋情感特征

相依相恋对一个有血有肉有感情的人来说，是最平常不过的事了，尤其是成长中的正常儿童，反映得更加明显、突出。但是，家长可以从孤独症儿童的身上看到什么呢？

正常情况下，孩子都很依恋父母。婴儿在发育的过程中，首先与母亲及抚养人在情感上产生依恋。1～2岁的孩子，有许多事情是他们做不到的，这时候的依赖性是很正常的。在孩子遇到困难、遇到危险、需要帮助的时候，满足他的依赖心理，他就会有一种安全感。我们常常看到，有些父母带着很小的孩子在外面玩耍，在突然遇到陌生人或孩子受到某些刺激和惊吓后，他们的最先反应是到处找父母，很快爬到或跑到父母身边，企图寻求安慰和保护。这种身体的接触和拥抱性抚摩，加深了孩子对父母的依恋感情，使孩子很快地安静下来。尤其是孩子到了2～3岁该上幼儿园的时候，大多数开始都表现出分离焦虑。父母送孩子到幼儿园后离开的时候，孩子就会表现出难舍难分的样子，拉着父母的衣服不让父母离开。有些父母强行离开时，孩子会大声地哭闹、叫喊，好像父母上班是件很可怕的事。有些孩子哭得嗓子嘶哑、咳嗽、发烧的事情时常发生。当父母下班去接孩子时，你又会看到，孩子见到父母后，就像小鸟飞出了笼子，很快就跑到父母跟前，拥抱着父母亲热不完，好像久别重逢一般。

孩子在婴幼儿时期，由于活动多局限于家庭环境，依恋的对象多为母亲及家人。随着他们年龄的增大，入幼儿园或上学以后，依恋的对象可扩展到阿姨、老师或同学。但对于不同的依恋对象，亲密的程度不同，依恋的程度也不同。儿童早期正常稳定的亲子依恋，对其日后的认识活动和智力发展，以及情感活动与社会交往适应能力的发展，起着基础性的作用。

对于孤独症患儿来讲，由于他们在很小的时候就缺乏与人对视的交流，他们很少去关注母亲的面孔，有些孩子拒绝母亲的身体接触、抚摩或拥抱。他们对于父母的存在或离去丝毫不予注意，表现得无所谓，以致有些家长形容他们的孩子如“外星人”一样，很少有表情及情感的交流，使得有些父母看到自己的亲生儿女对自己表现出的冷淡，内心非常痛苦，如同“单相思”。因为孤独症儿童缺乏与人交往、沟通的愿望和技巧，他们所关注和感兴趣的多为一些非生命的物体，难以与人建立相互间正常的感情依恋。

七、孤独症儿童发病前的早期先兆

尽管都是孤独症儿童，但是在发病前的征兆上，有共性也有个性。作为家长，关键是要仔细观察，与同龄儿童的表现相对照，才能发现其不足的一面。

这类儿童起病前很难确切地确定他们的起病时间，由于他们的患病程度不同，具体的表现形式也不同。有些患儿从小发育落后，笑、认人、坐、爬、站、走及讲话的时间都落后于同龄儿童；也有些患儿很早就会走路，但迟迟不会讲话，家里人误认为是“贵人说话迟”，一直在等待观望中。我们需要告诫和提醒家长的是，一旦发现孩子过分乖巧，不哭不闹，从不干扰父母工作或学习，可以自己安静地待在一处或自己玩很长时间，从不主动寻求帮助；或过分烦躁不安，无故哭闹、尖叫，很难照顾，活动过度或伴随有刻板重复的动作，以及语言发育明显落后，一定要引起高度重视。还有些孩子，2～3岁之前有一个相对正常的发育期，而且表现得聪明过人，对数学、文字有明显的兴趣，会背多首唐诗、儿歌，很小就喜欢看书、认字，而且过目不忘，父母及家人则认为他们是“小天才”。由于年龄小，他们平时很少接触外界环境，一旦送入幼儿园，则很快被老师发现不合群，不喜欢与小朋友玩，经常一个人拿着书躲到一边自娱自乐地看，很少听从老师指令，叫其名字也不理人，就像没听见一样。这类患儿表现的兴趣范围狭窄，尽管他们有语言，但交往性语言很少，从不主动与人打招呼，对周围的事物很少关注，不能与同龄小朋友发展友谊。他们在集体环境中表现得非常特殊，一旦让其改变行为模式，则表现出大喊大叫、大发脾气，严重的可出现自伤及攻击行为。

从外表和长相看，孤独症儿童是很难与正常儿童区分的，因为他们的外表十分可爱、聪慧，有的胜过正常同龄儿童，所以往往被家长忽视。谁能想到，在漂亮的外表下，他们却隐匿着严重的精神疾患。我们的年轻父母不仅要关注孩子的外表、长相，身体是否健康，更应关注和了解孩子的心理健康问题及心理发育，一旦发现有与众不同的表现，应及早就医，到正规医疗部门咨询、请教有关专家，以便得到早期发现、早期干预及治疗，以防延误。

八、孤独症儿童在不同阶段的表现

孤独症儿童在婴儿期的表现

孤独症儿童不会在母亲怀里寻找奶头，不喜欢依偎在母亲怀中，也不喜欢让母亲抚慰……

婴儿离开母体开始独立的生活以后，千变万化的外界环境影响着他们的发育过程。部分孤独症儿童从婴儿期开始即表现出异常。有的孩子好哭闹，睡眠时间明显少于正常儿童，存在睡眠障碍。母亲用母乳哺乳婴儿时，他们很难把头转向母亲，也不会在母亲怀里寻找奶头，并且不喜欢依偎在母亲怀中；哺乳时，他们很少注视母亲的面孔，不喜欢让母亲抚慰，对母亲的呼唤及逗引很少有愉快的表情。

3～4个月时，孤独症儿童也很难主动去寻找母亲的声音，不会自己发出任何咿呀声。5～6个月时，他们的眼睛还不会追随物体，不能辨别熟悉的人和陌生人的面孔。也有些孩子表现得过分安静，整天躺在小床里，不哭也不闹；尿布湿了或身体上不舒服、渴了、饿了都很少哭闹，反应很迟钝；很少与母亲拥抱，建立亲情的依恋；对亲人好似很陌生，对色彩明快、颜色鲜艳的玩具，很难用视觉追随；对外界的一切缺乏好奇心，表现得漠不关心，兴趣范围狭窄。9～10个月时，不会爬行，手部动作也显得笨拙，不会交替双手拿东西。有些孩子已经长了牙齿，但仍旧每天以牛奶为食，拒绝改变饮食习惯，不愿咀嚼食物，拒绝吃硬的食品；给其变化辅助食品的花样，他们难以接受。家里人带着孩子外出，看到同龄的小伙伴时，他们丝毫没有高兴的表情。他们一旦学会走路，就是随心所欲不停地跑，对父母的召唤和斥责从不理会，且随着年龄增长，症状越加明显。在别人逗引或递给玩具时，他们经常是不理也不看，熟悉的人呼唤名字时，就好似没听见一样，以至于被认为是听力有问题。不少父母曾多次带孩子到耳鼻喉科做听力检查，结果均未发现有听力问题。

孤独症儿童在幼儿期的表现

外表长得非常漂亮可爱，却不懂得怎么和小朋友一块儿玩儿；总是翻看一本翻过多少遍的书，嘴里还在不停地自言自语；分不清什么是“你”“我”“他”……

文文已经4岁了。妈妈送她去幼儿园已经有半年多了，老师总是对妈妈说，文文这孩子好像与其他小朋友不太一样，在幼儿园里，她很少找小朋友玩儿，也从不参加小朋友的集体游戏，喜欢一个人坐在墙角，一边翻看一本不知道已翻过多少遍而且又脏又旧的童话书，一边还不停地自言自语。老师多次试图接近文文，或给文文换一本新的故事书，但均遭到拒绝。每天上幼儿园，妈妈都主动让文文问老师好，而文文总是跟着妈妈的尾音说“问老师好”。后来，老师也发现，文文的语言好似鹦鹉学舌一样。她不会与小朋友进行简单的对答交流，而且分不清代词。吃饭时，老师问她：“你吃饱了吗？”她也随着老师说：“你吃饱了吗？”逗得旁边的小朋友直笑话她。老师多次提醒妈妈，应该带文文去看看医生。

像文文这类孩子，外表看起来非常漂亮可爱，但通过与孩子长时间的接触就会发现问题。他们如同生活在另一个世界里，对周围的环境及发生的一些事情不闻不问，以至于有的老师或家里的亲人认为孩子的听力有问题。他们的表情变化少，而且多回避别人的目光，缺乏与人对视的交流，大多数语言发育落后于同龄儿童，要么根本就没有语言，要么即使有语言也常常是重复、模仿别人的语言，或自言自语在自己的世界中，即使最亲近的人也难以理解或听懂他们的语言。如果他们有要求、需要别人帮助，总是去拉着大人的手，或用哭闹、叫喊来表示需求。大多数的孩子兴趣范围狭窄，对玩具兴趣不大，即使喜欢玩具汽车，也是在单调专注地摆弄汽车的四个轮子，或单一地在地上推来推去。有些孩子表现得对电视广告、天气预报过分专注，而且，会跟着播音员背诵城市的地名。有的孩子手里整天拿着一根小细绳、一个塑料袋、一管牙膏或一块香皂，不停地机械地来回摆弄，而且自娱自乐，甚至达到着迷的程度，使别人很难理解他们的行为。还有些孩子喜欢把手放在自己的眼前不停地晃动或扑动，连蹦带跳或原地旋转。以上这些症状都是孤独症儿童所特有的症状。总之，他们与外界交流明显困难，语言发育落后，而且兴趣范围狭窄。

孤独症儿童在儿童期的表现

儿童期实际上也是学龄期，孩子进入学校接受正规、系统的文化知识教育的时期。

对于大多数孤独症儿童来说，由于他们的智力发育落后于同龄儿童，此阶段他们的大部分人可能是在特殊教育学校或家庭中度过，也有少部分功能较强、智力发育正常或接近正常的儿童，在普通学校中度过。此阶段的患儿，大部分症状趋于相对稳定。一部分孩子经过早期的干预强化训练，情绪行为问题得到相应的改善，可以在机构中接受正规的特殊教育及普通教育。

7岁的男孩亮亮在4岁时被诊断为孤独症，一直在特殊训练机构接受学前培训。亮亮的主要问题是：语言发育落后，主动语言极少，经常一个人自言自语；刻板重复地看手；不喜欢与小朋友交往；表现得多动，一刻也闲不住，喜欢跑来跑去、爬上爬下或自己转圈。用妈妈的话讲，亮亮从学会走路起，就很少安静地好好走路，出门就跑，从来不知道累，而且危险意识少。

在训练班中，老师也常常反映，亮亮特别兴奋好动，如同上足了弦的发条。老师稍不注意，他就会擅自离开座位或跑出教室，为防止亮亮乱跑，老师把亮亮单独放在靠墙的一个座位上。旁边是一个非常安静的孩子，但也难以阻挡亮亮的好动。他上课时常常站起来，或在座位上发出各种声音。亮亮非常喜欢听音乐。在训练中老师发现，只要是上音乐课，亮亮就表现得较安静，而且表情非常愉快，喜欢和老师互动，随着音乐的节拍舞动，节奏感很强。发现了亮亮的爱好，老师便和家长密切配合，在对亮亮的教学上，突出音乐教学的特点，以稳定孩子的情绪，如教其唱儿歌、学说童谣，以促进亮亮的语言发育及认知理解。

3年下来，亮亮的进步非常大，在老师和家长的耐心帮助下，亮亮顺利地进入了特殊教育学校。上课时，他已经能够基本上安静地听讲，而且还成为学校的升旗手，成为老师的小帮手，帮助老师给同学发作业本、分饭等，在与同学的交往中也有了明显的进步。

此阶段的孤独症儿童，与正常儿童一样，好奇心很强，部分患儿有很强的求知欲。功能强的患儿往往喜欢看书、认字、提问题，喜欢去接近小朋友，只是他们的交往技巧显得笨拙、简单，对语言的表达和理解都显得比同龄小朋友落后。他们中有的有很好的记忆力，对学过的东西过目不忘，而且在学习上并不感觉困难。尽管有的老师认为他们怪怪的，上课似乎没好好听讲，但老师讲的内容他们大部分都会，而且考试成绩不差。

有部分孩子可以在特殊教育学校中学习。由于学校环境比较宽松，没有学习压力，老师对孩子倾注了极大的爱心、耐心，充分体现了“以学生为本”的教育方针，所以孩子们生活、学习得非常愉快，相互没有歧视，人人平等。尽管有些孤独症的患儿表现有刻板行为、语言机械重复，兴趣狭窄、单一，交往方面有障碍，但由于他们天天与同龄伙伴接触，相互之间效仿，加上老师的循循善诱和辅导，并能开展多方位的分层教学，使这些孩子在集体环境中，各方面的功能都得到了很大的提升。

孤独症儿童在青少年期的表现

孤独症儿童也像同龄的孩子一样成长、发育，出现第二性征，可他们又是没长大的孩子，有着不同于成熟外表的智力、心理和行为表现。

这个阶段，大部分孤独症儿童在身体发育上与同龄儿童一样，身体随着年龄而增高，性功能开始发育，第二性征出现：少女已有月经来潮、乳房突起、骨盆发育变宽大、皮下脂肪增多；少男喉结突起、声音变粗、上唇渐渐出现胡须、肩宽体高，并有遗精现象。但大多数孤独症儿童的心理发育明显落后于生理发育，同时伴有不同程度的智力发育落后。

孤独症儿童年龄长大，身体长高，不熟悉的人往往会错把他们当成正常人，而忽视了他们发育不足的一面。如在普通学校里，他们往往被同龄的伙伴疏远，或受到同龄伙伴的嘲笑、讥讽，从而难以适应和处理较为复杂的人际关系。加之学业负担的压力，使得他们出现情绪行为的异常。由于他们的语言表达、理解能力落后，难以顺应千变万化的社会环境，难于表达自己内心的体验及自身的生理变化，不能正确得到别人的理解，缺乏必要的生理卫生以及性知识方面的教育，因此引起了许多心理问题的出现。如少女来月经，会产生强烈的不安、紧张或恐惧；男孩子出现频繁的手淫、遗精、摩擦生殖器，他们很难掌握两性间的界限，于是出现情绪表现的明显冲动、不稳定，自控能力差。有时，他们表现得喜怒无常、焦虑不安、过分敏感，纠缠家里人，或伴随有强迫动作，如反复关门、上卫生间小便，坐立不安，来回走动，发脾气或吵闹不休。有些严重的孩子伴有兴奋，或饮食和睡眠的改变，暴饮暴食，对亲人变得凶狠、残忍，做事不考虑后果。有的孩子在上课时，把自己和同桌同学的文具、书包全部从窗户扔到楼下，无缘无故地大发脾气、哭闹，或在公共场所、大庭广众面前抚弄、摩擦生殖器达到性快感，或当众脱裤子、裸体，引起别人的注意。有的孩子还会出现冲动、自伤自残或攻击别人的行为，他们有时控制不好自己的动作，出手很重，无深浅，不考虑后果。

这些孩子中的大多数，到了青春期，内分泌系统变化，却由于不会表达自己身体变化所带来的不适，心理发育明显落后，行为举止表现幼稚，容易冲动，感情脆弱，缺乏高级意向，自控能力差，所以往往采取一些不切实际的行为。有的孩子变得回避、退缩、不爱出门，不愿见人；生活懒散，不换衣服，洗漱要别人督促；社会功能受到影响。还有少部分孩子伴随有癫痫发作。

以上这些异常表现，要引起家人及教师的密切关注，情况严重的应该到有关医院给予必要的药物治疗，以便帮助他们安全地度过青春期。

九、孤独症儿童在游戏中的表现

爱玩儿是孩子的天性。游戏可以吸引大多数儿童，也是儿童所喜爱的。但是对于孤独症儿童来说，他们很难参与到游戏中，体验游戏的乐趣。

学龄前儿童一天中的大部分时间都是在玩儿中度过的，甚至连吃饭、穿衣、上床睡觉都离不开玩儿。他们在游戏中可以根据自己的想象和愿望去行动，他们的感情在游戏中能够充分地表露出来，他们的兴趣爱好在游戏中可以得到满足，他们的语言和认知在游戏中可以得到发展。正常儿童在游戏中与伙伴建立了友谊，与同伴在游戏中扮演不同的角色，如“过家家”，扮演不同的家庭成员：“爸爸”“妈妈”“孩子”，或幼儿园的“张老师”“李老师”以及“小朋友”等。他们会想象着模仿家庭中的“爸爸”“妈妈”带着“孩子”去公园玩的情景，并用洋娃娃假扮当孩子，用小椅子当汽车。坐在汽车里，还会模仿“爸爸”“妈妈”讲话，用小手拍着洋娃娃，告诉他：“要听爸爸妈妈的话，做个好孩子，爸爸妈妈会带你去买玩具、好吃的。”他们在游戏中与伙伴分享着快乐，并能积极主动地去思考、发挥自己的创造才能。

孤独症的患儿则不能。由于存在着严重的社会交往障碍，他们很难参与到游戏中，更不会去扮演不同的角色。他们缺乏想象力和创造力，即使被家长或老师安排到游戏中，也只是停留在单调的、毫无意义的活动中，如独自不停地摆弄汽车的轮子或做出一些别人无法理解的动作。他们不会去模仿其他儿童的活动，在游戏中搞不懂游戏规则，也不会去遵守游戏规则，更不懂什么是角色扮演游戏，常常受到小朋友的责怪，但又不能马上改正。他们最多也只是跟在小朋友的后面跑来跑去，根本不理解游戏中的内容。久而久之，小朋友们离他而去，不欢迎他的到来和参与。

十、语言沟通障碍是孤独症儿童的主要特征

讲话的目的是让别人能听懂、理解，这是语言表达的一个基本方式。正常儿童天生就会。但是，对于孤独症儿童来讲，无法用语言沟通成了他们融入社会的最大问题。

语言是人们在社会生活中的重要交流工具。人类借助语言进行思维、表达思想、传递信息，通过语言相互交流、增进沟通和提高参与社会生活的能力。因此，家长们都有意识地培养和激发孩子使用口语的愿望，建立他们用语言交往、沟通的意识。假如孩子没有交往、沟通的需要，也就没有了学习的动力。

孤独症儿童大部分都有语言发育落后的问题。他们开始说话的时间往往迟于同龄儿童。有的患儿已经两三岁了，但语言还只是停留在无意识的单音阶段。有些尽管有少量语言，但却不会运用，而且经常用词不恰当。他们有需求的时候，不会用语言表达他们想要的东西，多数是用肢体语言去拉大人的手，或用尖叫、蹦跳引起他人注意，以达到满足需求的目的。如在幼儿园里，一个孤独症患儿想要其他小朋友的玩具，他不会用语言征得小朋友的同意，而只会用带有攻击性的动作来抢玩具。反过来，玩具被小朋友抢回，而且告诉老师说“××抢我的玩具”。在这种情况下，患儿又不会用语言来表达自己的要求，只好跑到一边不再要了，采取放弃的态度。有的患儿在幼儿园或学校受了欺负或委屈，不会用语言表达，不会为自己申辩理由，他们常常缺乏社会性的模仿，听不懂别人的指令，也不能正确理解别人的语言。在集体活动中，他们难于融入，不会扮演角色，语言运用能力受到损害。有些有语言能力的患儿遇到困难或挫折时，会表现出破坏性的行为，如扔东西，或说“我生气了”，或显出愤恨的表情来发泄；没有语言能力的患儿就会出现自伤、咬自己、用头撞墙或哭闹来表示内心的不安。还有的患儿虽然认识很多字，却不会运用所学的知识与人进行主动交谈、沟通思想。他们存在着明显的、刻板的语言重复，同学

们都认为没法与他们交谈、沟通。他们的谈话内容显得过于贫乏、简单、无意义，或使人无法理解，有些接近于成人的孤独症患者，虽然年龄在不断增长，但由于不会用语言表达自己的要求和体验，缺乏与人沟通的技巧，使得社会功能受到限制，最终很难被社会接纳，以致终生都需要家人的照顾。

十一、孤独症儿童的语言特征

鹦鹉学舌、自言自语，这也许是孤独症儿童在语言方面存在的主要问题。

0～7岁是儿童语言形成和发展的最佳时期。孩子的思维发展很快，想说的事情和想表达的意思很多。儿童的思维和情感也代表着智力发展水平的每一项活动和结果，都必须通过语言进行表达，才能被人们所认识、接受。如果缺乏良好的语言能力，就不能很好地表达自己的思想和情感。不能让别人领会你的“意思”，也就难以得到别人有益的指导和帮助，从而使智力发展受到限制。

3岁的明明，长着一对水灵灵的大眼睛，乍一看十分聪明可爱，可妈妈却整天为明明的不会讲话而着急。据妈妈观察，明明不是单纯地不会发音、不会讲话，而是会发音、有语言，但不是主动的、有意识的语言，而是自言自语、无意识的语言。他的语言谁也听不懂，他想拿别人东西的时候，从不用语言表达，而是拉着妈妈的手去拿，有时要求达不到，则会用大声地尖叫、哭闹、大发脾气来引起别人对他的关注。每当吃饭的时候，妈妈问他“吃不吃”或“要不要”，他都跟着妈妈的尾音，也说“吃不吃”“要不要”。无论妈妈怎样去纠正，明明仍旧如此。

孤独症患儿主要表现为语言运用能力的损害，他们有语言但不会运用，在与人交流时，根本不注视对方，也不管别人是否听懂，自己好像在另一个世界里与自己随意讲话。还有些患儿干脆就是鹦鹉学舌式的语言，别人问他什么，他的回答也是别人的问话内容。尽管有些孩子会说一些单词或简单的句子，却从不主动使用语言与人沟通。他们的讲话内容多是电视中的广告词，或别人曾经讲过的话，与当时的情景无任何关系，以致把别人搞得莫名其妙，根本听不懂他没有主题的讲话内容，无法做相应的回答。他们很少能把语言和实际生活统一起来。

十二、孤独症儿童对玩具的偏好

玩玩具总是一种花样，别的孩子不爱玩儿而他爱玩儿。“怎么老跟别人不一样啊！”这就是一个正常孩子对孤独症孩子的评价。

玩具是儿童在游戏中不可缺少的组成部分，它可以给儿童带来欢乐。正常儿童喜欢用拼搭积木搭出不同的建筑物、形态各异的漂亮房子，以及不同类型的汽车、轮船、飞机造型等。他们通过拼搭认识不同的形状、不同的几何图形，学会不同颜色的相互搭配，理解什么是对称性，什么是坚固性等。玩具可以锻炼儿童的动手能力和手眼的协调能力，创造出儿童所想象的内容，有助于儿童想象力和创造力的发展，促进儿童的感知觉、语言、动作和技能技巧的发展，扩大知识范围，促使儿童开动脑筋，从而达到开发智力的目的。

孤独症患儿常常对一般儿童喜欢的玩具不感兴趣，他们不会像一般小朋友那样用拼搭积木去想象如何搭房子、搭汽车、搭自己喜欢的各种造型，去发挥想象力和创造力。他们只能用积木机械地、按照形状的大小排成一横排或一竖排，或罗列成单一的、高高的而且是固定不能改变的模式。他们拒绝别人的指点，不厌其烦地做着单一的重复动作，而且自娱自乐，可以单调重复地玩儿个小时，不愿被人打断。这种对玩具奇特的兴趣爱好使得常人无法接受和理解，也使得同龄小朋友不解其意，认为他们怪怪的、不正常。正是因为他们对各种玩具所赋予的意义和功能不理解，缺乏对玩具物体的灵活运用，只会刻板、重复地摆放，使得他们的智力发展受到限制。

十三、孤独症儿童的异常行为

刻板、重复、单一不变，这就是孤独症儿童异常行为的典型特征，也是他们和正常儿童的主要区别。

行为是人的心理活动的外在表现，透过行为可以观察人的心理活动。大多数孤独症患儿存在着异常的行为模式。他们对环境的改变表现出不寻常的反应，刻板地要求周围环境以及生活习惯的固定模式一成不变。如家中熟悉的环境、物品摆放发生细微变化，都会引起患儿烦躁不安、焦虑或大发脾气，直到再次换回原位。有些患儿天天外出时必须刻板、重复地走同一条路线；吃东西总喜欢固定的饮食内容，拒绝吃、尝没吃过的食物；穿衣服总喜欢固定一件，脏了也不肯换洗；日常生活中的微小变化都会引起他们的强烈反抗和哭闹。有些年龄小的患儿常常出现刻板、重复的动作，如反复拍手、蹦跳、转圈，或将手放在眼前不停地扇动。还有一些智力水平正常或接近正常的患儿，会反复纠缠着问一些相同的或毫无意义的问题，而且别人解释或回答后，仍然多次重复地问。

如有的患儿初次与人接触，一定要问人家的年龄和出生日期，告诉他后，马上会听到他说那天是星期几，多少年之前或之后的同一天是星期几等，而且为此自娱自乐很长时间。有的患儿机械地记忆一些多位数字，如电话号码或市内交通汽车的各条路线，见人就问人家的电话号码，或坐过多少路公交车，使对方感到很奇怪。还有的患儿会迷恋一些毫无意义的物品，如一根小毛线绳、一张小纸片、一管牙膏、一块香皂、一个塑料袋或一个小瓶子，把这些东西视为宝物，走路、吃饭、睡觉每时每刻都拿在手里，如让其放下，或悄悄拿开，只要见不到就会大发脾气。还有的患儿，感觉刺激的反应低下或过敏，如听到抽水马桶声、鞭炮声、汽车喇叭声，就显得很厌烦，用手捂住耳朵，在幼儿园听到小朋友的哭声，就会去打或推小朋友，表示回避。这种现象多见于伴有智力低下的患儿。

十四、孤独症儿童的特殊古怪迷恋

迷恋、爱好、专注于某一件事情或物体，是注意力保持集中的一个重要表现。但是对于孤独症儿童来说，他们关注的对象则和正常儿童差别很大。

大多数儿童都喜欢看电视，尤其对动画片更有兴趣，如《天线宝宝》《小猪佩奇》《喜羊羊与灰太狼》《熊出没》等。他们可以记住里面的内容，还可以像讲故事一样有声有色地讲给别人听。

但孤独症患儿却不能，他们不喜欢看这些节目（即使喜欢可能也只是重复地看某几集电视），而是着迷于看各种广告或天气预报；还有的患儿喜欢看《新闻联播》的片头、结尾或各种球类比赛。他们对其节目的内容并不理解，而是喜欢欣赏快速的画面变动、银幕的闪烁。还有些孩子着迷地喜欢一些无生命的物体，如一根花线绳、一个塑料袋、一张糖纸、一片小树叶、各类小卡片、广告彩页纸各种物品上的小商标以及可用来旋转的圆形物品等，并爱不释手，连吃饭、走路、上床睡觉都不离手地拿着，如获至宝。有的患儿到超市去，不看玩具，不买吃的，而是直接跑到化妆品柜台、烟酒柜台，欣赏五颜六色、形状大小不一的化妆品盒及小瓶子，而且可以沿着柜台从这头走到那头，又从那头再走回这头，百看不厌，专注很长时间不离开，真正达到着迷的程度。有位患儿天天要去闻别人坐过的椅子、沙发，脱下的鞋子、袜子，并以此为快乐，从中得到乐趣和满足。还曾听到有的父母讲，孩子喜欢看喷泉，可以连续每天看三四个小时不厌烦等。他们这种奇特古怪的恋物，是一种毫无任何意义、单调、贫乏的特殊迷恋。他们的这种迷恋方式是固定的、重复不变的，缺乏想象力和创造性，是正常儿童所不能理解和接受的，最终使他们的正常创造性思维受到限制或停滞不前。

十五、孤独症儿童对声音刺激的异常反应

常常听到带患儿来就诊的父母说：“我们叫他，他就像没听见一样，根本不理也不看我们，但有时对电视广告、音乐的声音却又过度敏感。我们以为他的听力有问题，多次带他去做听力检查，结果并没有发现有什么异常。”还有的父母反映，患儿有听觉异常，如听到鞭炮声、汽车喇叭声，就一定要捂耳朵，表现得惊恐不安、烦躁。有的患儿一听到小孩的哭声，就马上跑过去推那个小孩，很不耐烦的样子。还有的患儿害怕听到卫生间的抽水马桶声，拒绝坐马桶，拒绝进卫生间大小便。

这些患儿对不同频率的声音、噪声的感知，几乎都或多或少地存在有感觉过敏或感觉迟钝的问题。他们的听力感知区域显得特别狭窄和异常，听力过敏的阈值下降，语言的滤过功能不足；他们无法区分讲话的声音、自己的语言、额外的杂音和背景噪声的不同，这使他们不能自己排除那些不适宜的声音和过度的噪声，对语言的注意力不能保持稳定性。外部的音响，系统的噪声，体内的噪声都会对他们形成干扰源，使他们分心、注意短暂和躁动不停。他们的这种听觉功能障碍也会引起一系列的行为障碍和社会交往关系方面的问题，

有些患儿听到某些不喜欢的声音，会表现为大喊大叫、行为怪异、惊恐不安、烦躁、双手捂着耳朵不停地蹦跳、哭闹、发脾气等。

对以上患儿的听觉过敏或异常表现，家长可以带孩子到有关医院，咨询有经验的专家，选择适宜的听觉统合治疗，以改善患儿的症状。通过听觉过敏测试，来判断患儿对不同分贝的音量产生的过敏及超敏情况。

第四章

儿童孤独症的诊断

孤独症和所有疾病一样，应该做到早发现、早诊断、早干预。早发现是最关键的一步。要做到这一点，就要经常将自己的孩子和同龄的正常孩子进行比较，通过仔细观察，进而发现差异。如果差距较大，则应到专门医疗机构进行咨询。

一、如何早期识别孤独症

孤独症和所有疾病一样，应该做到早发现、早诊断、早干预。早发现是最关键的一步。要做到这一点，就要经常将自己的孩子和同龄的正常孩子进行比较，通过仔细观察，进而发现差异。如果差距较大，则应到专门医疗机构进行咨询。

早期识别孤独症并不是一件很难的事情。只要父母在抚育孩子的过程中，随时注意对照孩子各年龄发育阶段的不同变化，进行仔细的观察和比较，一旦发现某些发育指标落后于同龄儿童或伴有一些奇特的行为特征，就应引起高度重视。

有一类孤独症患儿，在婴儿时期表现得过分乖巧，整天躺在小床里，不哭也不闹，即使饿了或不舒服也没有表示。所以被粗心的父母认为孩子好带、省事，自己可以干自己的事。有些孩子6个月以后还分辨不清亲人和陌生人，对父母的来去无所谓，缺乏对亲人的依恋。还有一类患儿，表现为睡眠少、活动多、精力旺盛、好哭闹尖叫，要人整天抱着或不停地摇晃童车，才肯安静下来。大部分患儿对玩具不感兴趣，而是常常机械地重复某种固定动作，如着迷地玩手、看手，或摆弄玩具车的轮子，长时间看旋转的物品。有的患儿学会走路后，喜欢到处舔或闻某些物品，专门舔桌子、椅子等有棱角的地方，或去闻别人坐过的地方或穿过的袜子、鞋子。也有的患儿手里习惯性地拿着一根细绳、一个塑料袋、一块香皂、一管牙膏、一个电话卡或一块硬的塑料片等，从来不离手。

孤独症儿童常常拒绝亲人的搂抱、抚摸，回避亲人对视的目光，表现得冷漠、无动于衷。他们不能与同龄伙伴玩耍，常常一个人独处，自娱自乐。在幼儿园的集体环境中，老师经常反映他们孤僻离群，对周围环境视而不见，听而不闻；从不主动与人打招呼，也不参加集体活动；上课时常常不听指令，擅自离开座位，对老师的批评好似没听见，以致被老师认为有听力问题。但他们又对某些声音过分敏感，如听到电视中的天气预报或广告、歌曲音乐，马上会从较远的房间跑过来，专注倾听，长时间地迷恋其中，或随着音乐的节奏摇摆、扭动身体。也有的患儿对某些声音产生极度的反感、惊恐、焦虑，如听到厕所抽水马桶的声音、鞭炮声、雷声、汽车喇叭声、小孩子的哭声，马上用手捂着耳朵、大声尖叫或哭闹，表现得烦躁不安。还有的患儿发育明显不平衡，2岁时就能认识几百个或上千个汉字，但看见母亲却不会主动叫“妈妈”，有要求不会用语言表达，而是常常拉着大人的手去拿，动作显得笨拙，连大小便也不会主动表示。

再大些的孩子，还会出现自言自语或鹦鹉学舌。他们常常把代词混淆，或模仿重复别人的尾音，如问他：“你喝水吗？”他也会随着说：“喝水吗？”他们的这种发育落后或发育的不平衡往往在幼儿期就比较明显。

二、孤独症儿童应该做哪些检查

医生对孩子进行检查，主要内容为“四了解”（现病史、既往史、家族史、个人史），“五检查”（体格检查、精神检查、实验室检查、智能检查、量表检查）。

家长一旦怀疑孩子有类似孤独症的表现，就一定要带孩子到正规的专科医院，请有经验的医生进行诊断。孩子的父母及抚养人要详细为医生介绍患儿的发病情况。

医生要向父母了解的四方面内容

（1）现病史

孩子的起病时间，有无明显的发病诱因，起病的缓急程度，症状的早期表现以及病情发展变化的特点。尤其要详细了解患儿的语言发育、语言表达理解能力；对亲人的依恋，以及对周围人和环境的适应能力，情绪、行为及性格的变化；有无特殊的偏爱及嗜好，饮食、睡眠，生活习惯有无变化；生活自理的能力等。

（2）既往史

了解孩子出生以来的健康状况，曾患过何种重大的先天性疾病（如心脏病、代谢病等）、传染病以及中枢神经系统的疾病（如颅内出血、颅脑外伤、中毒），患病时的情况，治疗经过及疗效（如颅内出血有无昏迷、抽搐）等。

（3）家族史

父母系三代中有无神经、精神疾病史，以及智力低下、性格异常或药物成瘾和酗酒者，有无三代近亲婚配史。

（4）个人史

▲孕期情况：母亲怀孕的产次、胎次、孕期年龄；有否合并各类疾病；是否用药治疗或接触过有害气体、放射线等；有无先兆流产、妊娠高血压；营养状况如何等。

▲生产情况：是否足月、顺产、难产、剖宫产、辅助分娩；有无缺氧、窒息；生产时胎盘是否老化、早剥。新生儿的体重、身长；有无颅内损伤、感染、脑瘫、肢体瘫痪以及损伤程度。新生儿有无并发症，如黄疸时间过长，有无吸入性肺炎等。

▲哺乳情况：母乳还是人工喂养，吃奶情况，添加辅食情况。

▲婴幼儿期生长情况：主要了解翻身、坐、爬、站、走以及开始讲话的时间；口齿是否清晰；饮食、睡眠、大小便控制情况；对父母及抚养人的依恋

程度；何时进入托儿所、幼儿园，对集体环境的适应情况如何，与小朋友及老师的关系如何。

医生要为孩子做的五项检查

（1）体格检查

测身高、体重、脉搏（心率）。可以对照正常儿童的发育平均值，在平均值上下两个标准差之间为正常，超过或不足均为异常。注意测量孩子的头围大小，观察毛发颜色，有无脑积水、眼球震颤以及面部的先天性发育畸形；有无贫血面容。做必要的神经系统检查，包括肌力、肌张力、协调与共济运动、感知觉有无异常。

（2）精神检查

根据不同年龄段儿童的心理、生理特点，充分了解孩子的病史，注意观察孩子的神态表情、举止动作，以及对周围环境、医生及亲人的反应，可采取询问、观察相结合的方式，重点了解、观察孩子的言语、感知觉、运动能力、智力情况和情绪行为的表现。

（3）实验室检查

依据孩子的不同年龄以及身体检查的情况，酌情选择必要的检查，如脑电图、脑CT、脑核磁、脑地形图、脑干诱发电位、染色体等。

（4）智能检查

要根据病史、年龄特点、孩子的发育情况及合作程度选择智力测验内容。

（5）量表检查

省略（见附录）。

三、家庭对孤独症儿童的测评

家庭是孩子幸福的摇篮。如果你觉得自己的孩子“怪怪的”，可以用孤独症的14条症状进行比照。如果有一半以上都符合，则应考虑可能是孤独症，应及早到专门医疗机构做进一步的检查。

有些患儿在婴儿期就表现出孤独症的症状，也有些孩子则在2岁以后才出现孤独症的症状。有许多行为特征用来描述孤独症患者。通常，孤独症患儿不会具有所有典型特征，而且他们也不是在同一时期表现出所有特征的。当父母发现孩子在生长发育的过程中，有别于其他正常的同龄孩子时，就一定要警惕了。其主要症状有：语言发育迟缓，很少有主动语言，经常表现出自言自语或鹦鹉学舌式的语言，对语言的理解以及表达的落后；存在有明显的社会交往障碍，孤独离群，回避目光对视，很少与人对视，叫之不理；兴趣范围狭窄，以及有怪异刻板的行为，智力发育落后的种种迹象。

如果一个孩子对照下列症状，具有至少一半以上的，就应考虑可能患有孤独症。

▲ 与其他孩子不合群；

▲ 好像有听力障碍；

▲ 抵制学习；

▲ 对真正的危险不害怕；

▲ 抵制日常生活中的变化；

▲ 用手势表示需要（用手拉着大人，而不是用手去指）；

▲ 不适当的大笑或傻笑；

▲ 抵制贴身拥抱；

▲ 明显多动；

▲ 逃避与他人的眼睛对视；

▲ 不适当的接触物体；

▲ 旋转物体；

▲ 长时间地玩古怪游戏；

▲ 对人冷淡。

四、婴儿孤独症筛查表

对待孩子的成长，父母一定要细心敏感，善于观察，善于发现孩子特殊的举止变化。

A部分：询问父母

(1) 孩子喜欢被抱起来摇晃、旋转或在您的腿上跳吗？（是/否）

(2) 孩子对其他儿童感兴趣吗？（是/否）

(3) 孩子喜欢攀爬物体，例如桌子、柜子吗？（是/否）

(4) 孩子喜欢玩“藏猫猫”游戏吗？（是/否）

(5) 孩子曾经玩过假装游戏吗？例如，用玩具茶壶或茶杯倒茶，或假扮其他的角色吗？（是/否）

(6) 孩子曾经用自己的食指指东西，表示要什么吗？（是/否）

(7) 孩子曾经用自己的食指指某种东西，表示对它感兴趣吗？（是/否）

(8) 孩子是否有目的地玩小玩具，例如小汽车、小积木，而不是用嘴咬，乱拨或乱扔这些东西？（是/否）

(9) 孩子是否曾经拿过一些东西让您看？（是/否）

B部分：观察

（1）在孩子用食指指的时候，他和您有目光对视吗？（是/否）

（2）吸引孩子的注意，然后指房间的另一边，说：“看，有一个××（玩具的名称）。”观察孩子是否看您指的东西？（是/否）

（3）吸引孩子的注意，然后给孩子玩具茶杯和茶壶，说：“你能倒一杯茶吗？”观察孩子是否假装倒茶，然后喝下去？（是/否）

（4）对孩子说：“电灯在哪里？”或说：“给我指电灯。”观察孩子是否用食指指电灯？（是/否）

（5）孩子能用积木搭一座塔吗？（如果能，用几块？）

如发现在A部分中的5、7项及B部分的2、3、4项都存在时，提示家长应该带孩子到正规的医疗部门，请教有关专家进行评定。

五、孤独症儿童的诊断标准

随着诊断技术的不断提高，孤独症患儿被发现的年龄提早了，而且经过早期诊断、早期干预、早期训练，部分患儿的症状在一定程度上有所改善和减轻。所以，早期诊断尤为重要。现介绍目前常用的诊断标准。

《精神障碍诊断与统计手册》第5版的孤独症诊断标准如下。

A.在多种场合下，社交交流和社交互动方面存在持续性的缺陷，表现为目前或历史上的下列情况（以下为示范性举例，而非全部情况）：

（1）社交情感互动中的缺陷，如从异常的社交接触和不能正常地来回对话到分享兴趣、情绪或情感的减少，到不能启动或对社交互动做出回应。

（2）在社交互动中使用非语言交流行为的缺陷，如语言和非语言交流的整合困难到异常的眼神接触和身体语言，或在理解和使用手势方面的缺陷到面部表情和非语言交流的完全缺陷。

（3）发展、维持和理解人际关系的缺陷，如从难以调整自己的行为以适应各种社交情境的困难到难以分享想象的游戏或交友的困难，到对同伴缺乏兴趣。

标注目前的严重程度：

严重程度基于社交交流的损害和受限的、重复的行为模式。

B.受限的、重复的行为模式、兴趣或活动，表现为目前的或历史上的下列2项情况（以下为示范性举例，而非全部情况）：

（1）刻板或重复的躯体运动，使用物体或言语（例如，简单的躯体刻板运动，摆放玩具或翻转物体，模仿言语，特殊短语）。

（2）坚持相同性，缺乏弹性地坚持常规或仪式化的语言或非语言的行为模式（例如，对微小的改变极端痛苦，难以转变僵化的思维模式，仪式化的问候，需要走相同的路线或每天吃同样的食物）。

（3）高度受限的、固定的兴趣，其强度和专注度方面是异常的（例如，对不寻常物体的强烈依恋或先占观念，过度的局限或持续的兴趣）。

（4）对感觉输入的过度反应或反应不足，或在对环境的感受方面不寻常的兴趣（例如，对疼痛或温度感觉麻木，对特定的声音或质地的不良反应，对物体过度地嗅或触摸，对光线或运动的凝视）。

标注目前的严重程度：

严重程度基于社交交流的损害和受限的、重复的行为模式。

C.症状必须存在于发育早期（但是，直到社交需求超过有限的能力时，缺陷可能才会完全表现出来，或可能被后天学会的策略所掩盖）。

D.这些症状导致社交、职业或目前其他重要功能方面的有临床意义的损害。

E.这些症状不能用智力障碍（智力发育障碍）或全面发育迟缓来更好

地解释。智力障碍和孤独症（自闭症）谱系障碍经常共同出现，做出孤独症（自闭症）谱系障碍和智力障碍的合并诊断时，其社交交流应低于预期的总体发育水平。

若个体患有已确定的DSM-Ⅳ中的孤独症（自闭症）、阿斯伯格综合征或未在他处注明的全面发展障碍的诊断，应给予孤独症（自闭症）谱系障碍的诊断。个体在社交交流方面存在明显缺陷，但其症状不符合孤独症（自闭症）谱系障碍的诊断标准时，应进行社交（语用）交流障碍的评估。

六、孤独症儿童的评估

孤独症的诊断缺乏实验室指标和特殊检查的证据，主要依据病史和行为观察获得的临床资料，诊断过程具有主观经验性。不同医生关注的焦点可能不同，这会导致诊断结果的不一致。各种行为量表的使用可以提高医师之间资料收集的一致性，诊断标准的应用能够规范医师的诊断过程，继而提高不同医师诊断的一致性。

目前，国外用于孤独症临床评定的量表种类较多，多数用于收集症状与进行症状严重程度的评定，少数量表能够协助医师进行临床诊断。国内目前使用的量表都是从国外引进的（有些是经过翻译并已汉化），以下是常用的几种。

筛查用量表

（1）克氏孤独症行为量表（CABS）

克氏孤独症行为量表，由克兰西编制，谢清芬等修订，共14个行为表现。该量表适用于2岁以上儿童，由家长或抚养人填写。

结果评定：根据表现程度及频率分为“从不”“偶尔”“经常”，分别记为0分、1分、2分。总分大于等于14分初步怀疑为孤独症，总分大于等于14分且“从不”项目小于3分、“经常”项目大于等于7分可为诊断孤独症的依据。

（2）婴幼儿孤独症量表（CHAT）

婴幼儿孤独症量表适用于18月龄儿童。量表由两部分组成，第一部分为家长填写部分，包括社交兴趣、运动发育、假想游戏、示指指向、玩具使用等9个问题；第二部分为医生观察部分，包括目光注视、指向性注意、搭积木等5个问题。所有问题回答均为“是”或“否”。

结果评定：核心项目为A5、A7、B2、B3、B4。5个核心项目均未通过者为孤独症高风险，A7、B4未通过者为孤独症中度风险。未通过筛查的儿童在1个月后应进行二次筛查，仍未通过者需要进一步进行评估。

（3）改良的婴幼儿孤独症量表（M-CHAT）

改良的婴幼儿孤独症量表由CHAT修改而成，用于筛查16～30月龄儿童，共23项家长填写问题（前9项与CHAT第一部分问题相同），答案选项为“是”或“否”。

结果评定：核心项目为2、7、9、13、14、15，6个核心项目中有2个未通过或23个问题中有3个未通过者为孤独症高风险，需进一步电话随访，仍未通过者需进一步评估。

（4）婴幼儿孤独症量表23项（CHAT-23）

婴幼儿孤独症量表23项是根据M-CHAT家长填写部分和CHAT专业人员观察部分本土化设计的孤独症筛查量表，适用于18～24月龄儿童。家长填写部分问题的答案有4个选项，即没有、偶尔、有时、经常，核心项目较M-CHAT有所改变，为2、5、7、9、13、15、23。观察部分采用CHAT专业人员观察部分前4个问题，同家长观察部分一样有四个程度的答案供选择，将家长填写部分的高灵敏度（0.912）与观察部分的高特异度（0.931）相结合。

结果评定：若7个核心项目中有2个及以上未通过或23个问题中6个及以上

未通过，则需进行专业人员观察部分。若观察部分4个项目中有2个及以上未通过的儿童需要进一步评估。

（5）改良的早期孤独症特征观察量表（FOSPAC-R）

改良的早期孤独症特征观察量表由澳大利亚弗林德斯大学临床心理学家编制，适用于12月龄儿童，引入国内后增加1个项目，共17项。

结果评定：每项的发生情况分三级，即常规行为、介于常规行为与非常规行为之间、非常规行为，分别记为0分、1分、2分，筛查界限为12分。

（6）孤独症行为量表（ABC）

孤独症行为量表于1978年编制，是国内外应用较普遍的孤独症筛查量表，由父母或共同生活两周以上的人填写，操作简单方便。该量表包含57个条目，归为感觉（S）、交往（R）、躯体运动（B）、语言（L）和生活自理（S）五个因子，评定儿童这几方面是否异常。

结果评定：每个条目分别归属于不同因子，先采取“是”与“否”回答，回答“是”以后，再根据每个条目诊断价值的高低给予1～4分的得分。各条目得分累加形成量表总分。筛查划界分为57分，诊断划界分为67分。该量表的结构受填写者的主观影响比较大。实用年龄范围从8个月到28岁，但是在实际应用中发现，对于3岁以下小年龄阶段对象评定结果往往欠可靠。

诊断用量表

（1）儿童孤独症评定量表（CARS）

儿童孤独症评定量表于1980年编制，是一个由专业人员操作的评定量表，根据父母和病史记录提供的信息、现场行为观察等进行评价。评价时需要将被评儿童的行为与正常儿童的行为进行比较，然后做出评分。因此，评定前需要熟悉正常儿童的行为发展情况，对于量表中每个条目所评定的内容要准确把握；评定过程中要详细了解被评定儿童的各种具体情况，这样才能比较正确地评定。

量表包含与人的关系，模仿，情绪反应，躯体活动，对玩具等物品的使用，适应变化，视觉反应，听觉反应，味觉，嗅觉、触觉及运用，恐惧和不安，言语沟通，非言语沟通，活动程度，智能反应的水平和一致性，总体印象15个条目。每个条目的评分采用1～4的4级评分：1分正常，2分轻度异常，3分中度异常，4分重度异常。在两个评分等级之间还可以给出半分的等级，如某个行为表现介于正常与轻度异常之间时给予0.5分。所以，实际评分等级为7级。在评定异常行为的严重等级时，要从行为性质、强度、频度和持续时间等多方面考虑，量表手册对每一级的评分都给予具体的描述。

结果评定：将15个条目得分累加形成量表总分。总分低于30分表示非孤独症；30～35分，且高于3分的项目少于5项，评定为轻中度孤独症；总分大于等于36分，并且至少有5项评分高于3分，评定为重度孤独症。该量表是一个比较好的孤独症症状评定量表，它由专业人员操作，客观性比较高，是临床医师诊断孤独症时最常用的辅助工具。

（2）孤独症诊断访谈筛查（ADI-R）

孤独症诊断访谈检查是一种定式检查而非量表。由93个条目组成，归属于语言与沟通、社会互动、刻板行为方式这3大孤独症症状类别。内容包括以下8个方面：

▲ 家庭情况、教育情况、以前的诊断和治疗情况等背景性资料；

▲ 总体行为表现；

▲ 早期发展和关键性指标的出现年龄；

▲ 语言发展和语言或其他技能的丧失；

▲ 当前的语言和交流功能；

▲ 社会性发展和游戏；

▲ 兴趣和行为；

▲ 攻击性行为、自伤和可能的抽搐性表现等相关的临床表现。

ADI-R的使用年龄是满2岁以上的儿童与成人。整个操作与评分过程由经过严格训练的临床医生对儿童照顾者作访谈的形式进行评定，一般需要90～150分钟完成。结果评定不是提供数量化量表分，也没有常模比较。它的结果是提供一个诊断类别，以确定孤独症之诊断；确定孤独症患者的临床类型，以指导临床治疗和训练干预；用于鉴别孤独症与其他发育性障碍。该检查也是目前国外广泛应用的方法之一，被认为是诊断孤独症的金标准。国内经过培训具有检查资质的人员很少，近年来有少数医师在接受该检查方法的培训。

（3）孤独症诊断观察量表（ADOS）

孤独症诊断观察量表是一种半结构化评估工具，适用于2岁以上的任何年龄范围。由经过专门训练的检查者在标准化的活动情境下观察被检查者的行为，整个操作时间为35～40分钟。

ADOS根据被评定者的能力水平与年龄的不同，设置不同的活动与之发生互动，透过这些活动，检查者可以观察儿童所表现的与诊断广泛性发育障碍有关的社会化行为和交流行为。

检查者对观察到的儿童行为进行记录，然后编码并进行诊断。该检查提供两个划界分：一个是诊断广泛性发育障碍的划界分；一个是诊断孤独症的划界分。该检查在国外广泛应用于孤独症的临床诊断，与ADI-R一样被认为是诊断孤独症的一个金标准。

智力发育水平的评定

对儿童进行智力发育水平的测量，是为了帮助家长及早发现孤独症患儿，以便及早实行干预与训练。

（1）丹佛发育筛查测验（DDST）

丹佛发育筛查测验量表适用于2月龄至6岁的儿童。量表由105项检查或问题条目组成。可测试患儿的个人社会技能、精细动作、大动作及语言四个能区，根据孩子的年龄测试实际发育水平，以便有目的、有计划地对患儿实行早期干预及训练。

（2）图片词汇测验（PPVT）

图片词汇测验量表由上海儿科医学研究所引进修订后，由专业人员使用，用于2.5～8岁的儿童。它由120张图片组成，每张图片包含有4幅不同的图。由主试者说出其中一个词，要求受试者指出与其相对应的那幅图，可以不用语言回答。该量表对表达性语言发育障碍的儿童较为适用，能如实地反映患儿的智力发育水平。

（3）绘人测验

让儿童在一张空白的图画纸上按照专业人员的指导语，画一幅完整的正面全身人像，不要画机器人或洋娃娃。最后根据画像内容的完整性、协调性以及不同部位的情况给出相应的分数；按照儿童的实际年龄，换算出具体的智商数。此测验对大部分儿童具有较大的吸引力，容易被接受。但也存在一定的片面性，尚不能全面反映智力水平，故需与其他测试联合使用。

（4）福坦-比奈智力量表

福坦-比奈智力量表用于评定2～18岁的儿童及青少年的智力水平。1979年由北京大学吴天敏教授修订，1992年由中科院心理所范存仁研究员再次修订。该量表用于较为合作的儿童。全套共为51个题目，每题1分，有相对应的答案要求，最后累加得分。根据儿童的实际年龄，查表得出具体的智商数。

（5）瑞文推理测验（SPM）

分为学前、学龄至成人两种。学前为6组题，每组为12幅图。学龄为5组题，每组分为12幅图，每组图的难度逐步增加。按照每幅图的推理标号，得出相应答案，最后将每组题的正确率相加，依据患者的实际年龄，查表得出相应的智商。此量表用于较合作的患者，并可反映患者的发育水平。

（6）韦氏学前及学龄儿童智力量表

韦氏学前及学龄儿童智力量表学前用于4～6岁的幼儿，学龄用于6～16岁的儿童。每个量表又分为言语及操作两个分量表。本量表测试时间较长，内容较多，适用于较为合作的患儿，主要评定患儿的智力发育水平。

（7）盖塞尔发育诊断量表（GDDS）

20世纪80年代初及90年代初先后两次引进修订，只有很少数合作的孤独症儿童能使用。分为适应行为、大动作行为、精细动作行为、语言行为和个人—社交行为五个能区，依据测试儿童的年龄不同，项目也不同。结果根据得到的发育年龄DA计算发育商DQ，根据DQ诊断智力水平。

社会适应能力的评定

国内较为常用的使用量表有两种，目的在于评价儿童的社会适应行为发展水平。

（1）婴儿至初中生社会适应能力量表

此量表为日本心理适应能力研究所等单位编制的《S-M社会生活能力检查量表》修订版，由北医大左启华教授等修订。全量表共132项，分成6个分量表：

▲ 独立生活能力，

▲ 运动能力，

▲ 作业，

▲ 交往，

▲ 参加集体活动，

▲ 自我管理。

共有7个起始年龄，适用于0.5～15岁的儿童。由专业人士指导，父母及抚养人填写，根据不同年龄选择起始年龄项目，每通过一项得1分，由总分查出对应标准分，核对年龄查出适应行为量表的得分。评定结果由高至低依次分为非常优秀、优秀、高常、正常、边缘、轻度、中度、重度、极重度等。

（2）社会适应能力量表

社会适应能力量表由湖南医科大学姚树桥编制，适用于3～12岁正常或低智儿童，由专业人士指导父母及抚养人填写。此量表分成8个分量表：

▲ 感觉运动，

▲ 生活自理，

▲ 语言发展，

▲ 个人取向，

▲ 社会责任，

▲ 时空定向，

▲ 劳动技能，

▲ 经济活动。

适应行为以适应发展商数ADQ表示，从高至低依次分为八级：大于130为极强，115～129为强，85～114为正常，70～84为边缘，55～69为轻度损伤，40～54为中度损伤，25～39为重度损伤，小于25为极度损伤。该量表可反映患儿的社会适应能力的不同水平。

教育训练量表

通过教育训练量表的测试，可找出患儿在各发育领域内与正常儿童的差距。

（1）早期训练指导纲要

这是德国的一项用于对发育障碍儿童进行早期训练指导的纲要。它按照儿童早期（0～5岁）心理发展的顺序，共列出260项生活技能的训练条目，以便专业人士及家长了解患儿在各个发育领域内与正常儿童的差距，根据训练指导纲要的提示，针对患儿的具体情况，研究制订切实可行的训练目标和方法。

（2）早期家庭训练指导计划

早期家庭训练指导计划是源于美国的一项家庭训练指导方案。在日本及中国港台地区被运用于孤独症儿童的家庭早期训练内容。原版列有训练条目562项，分成7个能区，该计划的指导手册内容详细、具体，更适合家长直接对患儿的训练。

（3）心理教育评估量表（PEP）

心理教育评估量表由美国的斯考普勒研制，简称PEP量表。该量表1995年被引进，由辽宁师范大学孙敦科教授翻译，1997年列入国家教育部科研项目，2000年通过专家鉴定，投入正式使用（主要为专业人员使用）。该量表包括功能发育及病理表现两部分，可为临床医生、特教工作者以及患儿家长提供患儿当前的发育状况，并对其现状进行详细、全面的评定，指出其偏离正常发展的程度，从而为患儿早期矫治提供科学的依据。

量表涵盖了模仿、知觉、精细动作、大动作、手眼协调、认知表现及口语认知等七个不同的技能领域，并对其发展程度做出评估。由于该量表提供了独特的“中间反应”级别，其结果就能直接转化为个别教育方案。

心理教育量表不仅适用于孤独症儿童，也同样适用于发育落后的儿童，它有着其他智力测验量表不可取代的特点和优点。

（4）语言行为里程碑评估与安置计划（VB-MAPP）

语言行为里程碑评估与安置计划是一个专门为孤独症儿童及语言发展障碍的个体设计的，有标准参照的评估工具、课程指导以及技能追踪系统。VB-MAPP是以斯金纳1957年发表的语言行为分析、已经建立的发展里程碑以及行为分析领域的研究为理论基础。VB-MAPP由五部分组成，分为VB-MAPP里程碑评估（170个里程碑）、VB-MAPP障碍评估（24种障碍评估）、VB-MAPP转衔评估（18个评估领域）、VB-MAPP任务分析和技能跟踪，以及VB-MAPP安置的IEP（个别化教育计划）目标。目前，VB-MAPP被全世界广泛认同和使用，同时中文版《语言行为里程碑评估与安置计划》已授权出版（2014），中文电子版VB-MAPP在线评估（2015）也已经授权上线。

第五章

容易与孤独症混淆的疾病

孤独症作为一种发生于儿童生命早期的较为严重的精神障碍，应该做到早发现、早诊断、早干预。生活中，要注意它与以下十五种疾病的差异，不可混淆。它们分别是：运动发展落后、特发性语言发育障碍、注意缺陷多动障碍、严重的视听觉障碍、精神分裂症、瑞特综合征、脆性X综合征、普拉德－威利综合征、婴儿痴呆、精神发育迟滞、选择性缄默、阿斯伯格综合征、抽动秽语综合征、强迫症和严重剥夺。

一、孤独症与运动发展落后

运动可以帮助孩子稳定情绪，改善症状，促进大脑皮层的活动及调节。

生命在于运动，对于儿童来讲，更是如此。运动可以增强身体各系统的功能，使孩子体格健壮，身体健康；使大脑对外界反应灵敏，对外界环境的适应能力增强；使身体适应气候的变化，对疾病有较强的抵抗力；有助于孩子保持良好的情绪，树立信心，敢于克服困难。

由于大多数孤独症儿童存在运动发育落后的问题，他们的身体软绵绵的，走路东倒西歪，好像缺乏支撑点；手的肌肉抓握无力；精细运动表现得很差，不会穿珠子、系扣子，穿脱衣服困难；有的患儿三四岁还不能独立上下楼梯，不会两只脚相互交替，不会踢球，更不会接抛球；去游乐场，连滑梯、转椅也不敢接近。由于他们的运动能力较差，从而也影响到他们的语言发育及认知水平。

在幼儿的生长发育期，大部分孤独症儿童缺乏爬行的训练。爬行对孩子心理的发展与智力的开发有较大的促进作用。好多家长在孩子七八个月学习爬行运动时，怕摔着、碰着，怕出危险，怕孩子爬行时弄脏了衣服及手脚，错过了孩子能力发展的最佳时机。

对儿童来说，爬是一种较好的全身运动。在爬行中，孩子的头颈要抬起，胸腹离地，并要用双手及双腿支撑身体的重量，这就锻炼了胸腰腹背与四肢的肌肉，并能促进骨骼的生长，为日后站立和行走创造了良好的基础。当孩子学习爬行时，他所得到的刺激要比躺着和坐着多，视觉和听觉范围得到扩大，思维、语言及想象能力也会相应得到发展与提高。爬行可促进婴幼儿的大脑发育，开发儿童的智力潜能，对大脑控制，眼、手和脚的协调以及神经发育有较大好处。

我们通常所说的大动作，包括全身的活动及人体的姿势，如抬头、翻身、爬行、行走、滚动、跑步、跳跃、弯腰等。由于大部分孤独症儿童伴有运动发育落后，他们的身体协调性较差，动作不灵活，手脚笨拙，通过运动训练，可以促进他们大脑皮层的活动，通过感官系统提供外界刺激，丰富大脑的感知信息，刺激和增进大脑皮层的分析能力。同时，通过增强肌肉活动的频率，增强信息反馈，也可以促进大脑皮层的调节控制机能的发展。运动训练不仅可以发展感觉器官、肌肉关节活动的机能，更重要的是，使患儿的中枢神经系统对各种感觉信息的整合得到改善，使他们在感知、情绪、行为方面以及语言发育、运动能力、学习能力及社会交往方面的能力形成并得到提高。

二、孤独症与特发性语言发育障碍

特发性语言发育障碍，临床上分为表达性语言障碍和感受性语言障碍两种。前者患儿能理解语言但不能表达。后者患儿对语言的理解和表达均受限制，不能理解简单的指令，不能根据语言要求指出或拿到某种物品；能听到声音，但对语言却不理解，给予手势、表情时有反应。后者患儿听力检查虽有轻度听力减退，但与临床上所见到的对语言的毫无反应的状态极不相称，电测听检查的听力曲线常很不稳定，波动大。

特发性语言发育障碍患儿开始学语时，语言缺陷即显示出来，小儿可发出一些音节，但不能组成词；记不住普通的词，词汇十分贫乏；不能用完整的句子去描述他所需要的东西，因此语句十分生涩难懂。患儿对语言的学习速度很慢，常比正常儿童慢2～3倍，语言明显落后，如1岁多尚不能叫“爸爸”“妈妈”，4岁尚不能说完整的句子等。患儿在学前阶段可无明显的心理情绪异常，仍然活泼、愉快，上学后由于语言交流困难，常出现焦虑、抑郁、退缩、违拗等问题。该类儿童常出现学习困难，主要是阅读、理解和计算困难。由于这些儿童的内在语言发育正常，因此可参加一些带有创造性的游戏，也可以绘画。

对于患儿，主要考虑对语言进行特殊训练。表达型语言障碍者预后良好，不经治疗也能随年龄增长逐渐获得语言能力，但早期干预仍然是必要的。语言训练的重点是模仿他人讲话，父母最好也参与训练。对于感受性语言障碍者，重点在于训练其对语言的理解、听觉记忆及听觉知觉等方面的能力，专门训练后语言能力可有不同程度的恢复，但预后仍较差。

孤独症儿童存在口头语言发育延迟或完全缺乏，且没有其他交流形式——肢体语言和哑语来代替的企图。语言刻板，常常重复或说古怪语言。在拥有充分语言能力的患者表现为缺乏主动发起或维持与他人对话的能力。但特发性语言发育障碍的患儿具有一定的人际交往能力，如用表情和动作表示自己的需求。对母亲能表示依恋，能与小朋友一起玩耍。对患儿进行智力测验时，表现为言语部分差，但操作部分正常，出现言语智商和操作智商的分离。

三、孤独症与注意缺陷多动障碍

活动过度，但有很强的求知欲及好奇心；注意力难以集中，但感兴趣的事也可以集中片刻；好冲动，但做错事又后悔。这是注意缺陷多动障碍儿童的主要表现，他们大多数不存在智力发育落后的情况。

孤独症与注意缺陷多动障碍比较表

比较内容	孤独症	注意缺陷多动障碍
起病年龄	3岁以前	3岁以后
发病率	0.8%～1%	3%～5%
智力发育水平	明显落后	智力正常
交往障碍	明显	不明显
语言障碍（刻板、重复语言）	明显	不明显
刻板行为	明显	不明显
兴趣范围狭窄	明显	不明显

5岁的男孩毛毛，上幼儿园才3天，老师就反映，孩子上课坐不住，不会听指令。老师让他坐在椅子上，他根本不理睬，也不注视老师，好似没听见。老师只好让他坐在老师旁边以便随时纠正，但也毫无效果。毛毛对老师的指令没有任何反应，随后离开座位，看看这儿，摸摸那儿，一刻也闲不住，或不停地看手、玩手。在小朋友的集体游戏中，他一个人不停地跑来跑去，或搂抱、推拉小朋友。他很少用语言与小朋友们沟通。老师多次试图去接近毛毛，纠正毛毛的问题，但毛毛根本不接受老师的指导。结果对班上的纪律产生了很大的影响，直接干扰了老师的正常教学活动。幼儿园老师只好劝其退园。

妈妈带毛毛来到医院。医生诊断其为孤独症，并告诫毛毛的家长："孩子表现为多动、注意力不集中，是由于他存在明显的交往障碍及对语言的理解困难，缺乏与人沟通的技巧；对老师的简单指令不理解，对周围环境表现为迟钝、回避且缺乏兴趣；喜欢沉湎于自己独特而怪异的活动中。这类患儿表现得孤僻、不合群，刻板、单调的活动过度，多数并不随年龄的增长而改变，要进行早期干预和训练。"

四、孤独症与严重的视听觉障碍

眼睛、耳朵是传递信息的主要感觉器官。严重的视听觉障碍是一种病理性损伤，可以通过先进的科学仪器测试到损伤的严重程度。

许多孤独症儿童的家长最早发现的是，他们叫孩子，孩子不理，也不看父母；在与同伴游戏时也是如此，视而不见，听而不闻，以致家长怀疑他们有视觉、听觉的问题。他们多次带孩子去眼科、耳鼻喉科看医生，但检查结果未发现异常，使家长感到迷茫。这到底是为什么？

眼睛、耳朵是人类获得知识和信息的重要器官，日常生活中的学习、劳动，都离不开眼睛、耳朵。盲童的眼睛看不见，只能靠耳朵、手来获取信息、认识事物、分辨声音，因此，他们的听觉、记忆力更发达。如听到熟人的说话声就知道是谁，听到别人说话的语调就知道是生气还是高兴等。聋哑儿童由于生活在无声世界里，只能用视觉去观察、认识周围的一切，用脑子去记忆，由此他们的视觉、记忆力得到了更好的锻炼。

孤独症儿童尽管视觉、听觉没发现有器质性病变，但由于存在明显的交往障碍，有些孩子从婴幼儿期就缺乏对人、对物的依恋和注视，就连母亲哺乳时也很少有微笑和对视，也不愿被亲人抱起爱抚。大一些学会站立或走路时，对母亲和抚养人仍非常缺乏依恋，亲人离开时很少追逐、哭闹，表现得无所谓。在与小伙伴的交往中，他们很少注视别人的动作，更缺乏语言的沟通和表达。有些孩子上了几年的幼儿园，回家从不会学舌，不会告诉父母幼儿园发生的事情。多数患儿不能叙述一日三餐的内容。老师反映他们上课很少听指令，不懂得注视老师。少数孩子还有斜着眼、歪着头看人看物的症状。老师教儿歌，他们很少张嘴，多数情况下是自娱自乐，自己翻书玩或玩手、看手，迷恋一些不是玩具的物品，如一张商标卡片、一个小盒子、一根线绳等。这些孩子的兴趣范围很狭窄、局限。一旦他们听到电视广告或天气预报及某个音乐歌曲节目的时候，他们会从很远的地方跑过来，专注地看着，或哼哼歌曲中的某个片段。有些孩子还可随着天气预报中播出的各个城市、地区，名字的出现，一个不漏地背出，使人们感到非常奇怪。尽管他们的听觉、视觉器官没有损害，但由于缺乏与人交往沟通的愿望，所以好像生存在与人隔绝的、另一个自我封闭的世界。对于上述的表现我们要给予高度的关注及干预。

五、孤独症与精神分裂症

精神分裂症的核心症状是思维联想障碍，不协调的情感活动以及幻觉妄想的典型表现。

孤独症与精神分裂症比较表

比较内容	孤独症	精神分裂症
起病年龄	婴幼儿期（一般在3岁以前）	童年中期（一般在7岁以后，多见于10岁以后）
性别	男＞女	男=女
病前发育情况	大多数无明显正常发育期	有明显的正常发育期
智力水平	60%～70%伴有智力发育落后	智力正常或接近正常
合并癫痫	青春期前有1/3	极少
病理变化（脑电图、脑CT、脑核磁）	部分存在器质性变化	无器质性变化
幻觉妄想症状	无	有
病程	不明显	明显

7岁男孩丁丁，圆圆的脸上长有一对水灵灵的大眼睛，看上去十分可爱。可是，他的妈妈说："他已经到了上学的年龄，但是语言发育明显落后于同龄儿童。他上幼儿园两年了，先后转了三所幼儿园，他都从不与小朋友玩儿；上课不会跟着老师的思路走，老师讲故事也不听，自己干自己的事；经常擅自离开座位，影响别人。有时，一个人自言自语。"据丁丁的妈妈讲，在孩子4岁的时候，就被有关专家诊断为孤独症。

孤独症与精神分裂症在临床上有着明显的差异。精神分裂症的患儿起病后可以表现为自言自语，自笑，学习成绩明显下降，与同学关系逐渐疏远，与亲人缺乏相应的情感反应，行为表现异常等。同时，精神分裂症患儿还常常伴有不同程度的感知觉及思维的异常表现，如觉得耳朵里或脑子里有人讲话，或认为有人在议论他，说他的坏话，以及产生对亲人的不信任等。通过抗精神病药物的系统治疗，上述的幻觉及思维的异常表现，以及对亲人的情感反应，可以得到治愈或明显的改善，社会功能及适应能力逐渐恢复。

但对于孤独症儿童来讲，目前还尚未有有效的药物治疗。某些抗精神病的药物选择，只能改善患儿的某些症状，但尚不能得到有效的治愈。社会功能及社会适应能力的明显异常，可能将伴随孩子终身。

六、孤独症与瑞特综合征

瑞特综合征早期发育正常，起病于7～24个月，是一种渐进性发展的病程，最终导致严重的精神残疾。

瑞特综合征是一种病因不清、较为罕见的渐进性脑病。此症只见于女孩发病，以运动技能及智力进行性衰退为其临床特征。她们的早期发育是正常的，但从一两岁起，逐渐丧失双手拿东西及操作东西的能力，如不再会用手拿东西吃，拿起玩具等；常常出现双手无目的地反复动作，如搓手、拍手、扭动、敲打及摩擦手的动作；精细运动衰退。她们原来获得的语言表达、理解、运用能力丧失；原来会讲的话、会提的要求渐渐减少，以至失去语言，对别人的讲话内容也渐渐不会理解；很少有反应，且出现过度换气、深呼吸及磨牙现象；不能与人正常交流，总是用一副面带微笑的面孔看着周围的人。

有些孩子还会出现神经系统的共济失调，肌张力过高，重症可呈强直状态：站立或走路时下肢僵硬，呈现基底步态。也有些可出现脑电图或核磁共振检查的异常，或伴随有癫痫的发作。尸体解剖显示，患儿大脑皮质萎缩，脑室扩大，并有明显的运动神经元和基底神经节功能障碍。瑞特综合征的预后要比孤独症更差。它是一种衰变性疾病，使孩子原有的多种能力丧失，晚期往往死于并发症。

七、孤独症与脆性X综合征

脆性X综合征又叫Martin-Bell综合征，是弱智遗传的最普遍形式。它是一种伴随性遗传障碍，其母亲是该基因的携带者。大约在1000～2000个男性中有1例脆性X综合征患者，女性携带者的比例可能更高。脆性X综合征的男性患者通常有中度或重度的智残现象，而女性患者一般只表现为轻度的智力缺陷。

大约15%～20%的脆性X综合征患者表现出自闭性的行为。例如，视线不能与人对接，不停地拍手或做出古怪的手势动作，咬自己的手指，感知迟钝等。行为问题和语言发展迟缓是脆性X综合征的普遍症状。该综合征患者有许多可识别的生理特征，包括腭部高度拱起、眼睛斜视、耳朵大、脸长、平足、肌肉韧性差等，有时伴有轻度的心脏病。如果是男性，则睾丸很大。

虽然绝大多数的脆性X综合征患者都有典型的外表（长脸和大耳朵），但也有些患者没有。许多医院和实验室通过验血来诊断脆性X综合征。由于脆性X综合征有遗传性，所以有该综合征家族史的人有必要接受医学咨询，以理解其遗传的本质，并且共同探讨其后代的患病可能性。

八、孤独症与普拉德－威利综合征

普拉德－威利综合征是一种与自闭症相似的障碍。该综合征患者最典型的特征就是暴饮暴食、身体很结实、第二性征发育迟缓和肌肉韧性差。由于普拉德－威利综合征患者爱吃东西，他们通常都过于肥胖。绝大多数该综合征患者有轻微的弱智现象。

该患者与自闭症患者存在着一些相同的障碍，包括语言和运动能力发育迟缓、学习有困难、婴儿期存在喂食问题、睡眠障碍、脾气急躁和痛觉阈限高等。染色体有一小部分缺失，是由于父亲方面的遗传原因所造成的。

九、孤独症与婴儿痴呆

婴儿痴呆是一种发生于婴幼儿期，以语言、智力和行为迅速倒退为特征的儿童期精神障碍。

患儿大多数起病于2～3岁，症状在半年内会十分显著，原已获得的正常生活和社会功能及言语功能迅速衰退。

4岁半的男孩龙龙，一年来语言能力明显倒退，自言自语，孤僻离群。

龙龙3岁上幼儿园时，语言发育与同龄小朋友没有差异，有要求会用语言表达，会提问“为什么”，而且会背诵多首儿歌及唐诗；能看懂简单的童话，能准确地认读看图识字卡片中的物品，辨别不同颜色及形状；对亲人有明显的依恋。3岁半以前，龙龙的智力发育很好，喜欢与小朋友交往，在幼儿园可以自己控制大小便，自己如厕、进餐等，幼儿园老师及邻居都说他很聪明。3岁半以后的半年时间里，家长发现，龙龙的主动语言明显减少，看见熟悉的人也很少打招呼，原来喜欢提问题，后来也不提了，渐渐地不喜欢与小朋友玩儿了。4岁后，龙龙的语言倒退更明显了，偶尔讲一两句话，而且极为简单，对玩具和听讲故事的兴趣明显下降，经常一个人发出无意识的、别人听不懂的语言；喜欢一个人独自转圈儿或突然发出尖叫，表现得任性、冲动，要求达不到时，就大发脾气、哭闹；对亲人的依恋减少；生活自理能力明显下降，有时大、小便在裤子里；智力检查明显倒退，社会适应能力中度落后。

对龙龙进行躯体检查及神经系统检查均未发现阳性体征，无既往史和家族史。龙龙在父母的陪同下进行精神检查。步入诊室，龙龙对环境及大夫并无陌生感，活动较多，在诊室中跑来跑去，对玩具汽车兴趣不大，推两下就扔在了一边，偶尔可见自言自语，但听不清内容。对大夫的问话，他不回答，不理睬也不注视；让其父母离开诊室，也无相应情感的反应。他被诊断为婴儿痴呆。

案例中的龙龙在起病前有明显的3年正常发育阶段，在起病后很快出现明显的智力、语言、社交技能及适应行为严重倒退，生活自理能力明显下降，病情发展迅速，这种病往往在几个月以内即出现所获得的各项技能的丧失，预后往往很差。

孤独症患儿在3岁以前，大多数表现为语言发育的落后，交往及兴趣范围的狭窄或伴有明显的刻板行为。他们很少出现所获技能严重退化或丧失的情况，没有明显的智力倒退。经过早期干预训练，患儿的各种能力包括语言能力、交往能力、认知能力及生活自理能力等将会有很大的改善和提高。预后将比婴儿痴呆更为乐观。

十、孤独症与精神发育迟滞

精神发育迟滞的患儿大多数喜欢与人交往，并会模仿别人的活动，愿意参与集体活动及角色游戏，语言表达落后，但社会化功能相对较好。

孤独症与精神发育迟滞比较表

比较内容	孤独症	精神发育迟滞
性别	男＞女	男＝女
智力问题	有少部分儿童智力或正常	全部智力发育落后
交往问题	有明显的交往、沟通障碍	无明显的交往、沟通障碍
刻板行为	明显	不明显
特殊能力	有	很少
社会适应	经特殊训练后有所改善	经特殊训练后有明显的改善

精神发育迟滞的患儿在沟通和交往方面的障碍不明显，喜欢与人接触，看到熟悉的人会亲热地打招呼，且会关心照顾别人。虽然他们的能力有限，但他们的表现欲望尚好，能理解大人的心理，会看父母的表情，听到表扬和恭维的话会有愉快的表现。他们比较注意观察周围人及环境的变化，很少出现怪异的行为，智力测试明显落后。有些患儿可以出现特殊的面容和伴随有先天性畸形，有的孩子会有染色体的数目及结构的异常，如先天愚型，另外有苯丙酮尿症，是由于先天性遗传代谢异常所致。

孤独症患儿则不同，他们无特殊面容，而且外表十分漂亮、可爱。他们存在明显的交往、沟通障碍，对周围的人及环境视而不见、听而不闻，很少关注，对亲人表现得冷漠、不关心，而且伴随有明显的行为怪异，如自言自语、自娱自乐，兴趣范围狭窄，刻板、重复怪异行为。这些都是两者之间的区别。

十一、孤独症与选择性缄默

选择性缄默的患儿讲话有明显的选择性，在家与家人交谈正常，但在社交或公共场所拒绝讲话。

选择性缄默的孩子，听觉器官及发音器官无任何器质性损害，智力发育良好。随着年龄的不断增长，他们已具备了讲话的能力，只是由于各种心理因素引起言语交际的障碍。一般多见于女孩及胆小退缩、缺乏自信心、怕受挫折的孩子。他们往往在人多或公共场所拒绝主动讲话，或伴随有刻板、僵硬及活动减少，但在家中或熟悉的亲人面前，如父母、兄弟姐妹面前讲话并无障碍，活动也很随意，可以用语言交谈，并不存在语言理解障碍。他们会恰当地运用语言来表达自己的要求，在家中不拒绝与伙伴的沟通，而且兴趣很多。

4岁的女孩文文，从小由外公外婆照顾，家住6层，平时很少下楼和小朋友玩。但家里来了熟悉的亲戚或邻居小朋友，她显得非常高兴，并会将玩具、零食拿出与小朋友一起分享。她语言发育好，表达清晰，在家中表现很活泼，跳舞、唱歌样样都行，还会有声有色地讲故事。来过文文家的亲戚及邻居，都认为文文非常聪明、伶俐。

但自从文文上了幼儿园以后，老师却反映文文在幼儿园里一天都不讲话，自己安静地坐在小椅子上。小朋友、老师与其讲话，只是被动地用点头或摇头表示，表现得十分胆怯、害羞、胆小，曾有几次小便在裤子里。小朋友做游戏或唱歌、跳舞，她只是默默地在一边看着，很少参与，显得很拘谨。后来老师家访，看到文文在家和在幼儿园简直就是两个孩子，表现截然不同。老师与家长多次沟通，找到了原因：环境的突然改变，使得文文不能很快适应幼儿园的生活。由于文文从小很少接触外界，家中来了陌生人就紧张、害怕，看见客人就一定要躲到外公外婆身后，不敢看人。有时候吓得哭闹，一定要大人抱着或趴在大人背上，直到客人离开为止。以后随着年龄的增长，文文的上述症状有所改善，哭闹减少，但是见到陌生人仍不讲话。

老师了解到这一情况，在征得家长同意后，多次带一个与文文住得较近的小朋友到文文家来玩儿。时间一长，文文与老师、小朋友建立了感情，逐渐大胆起来，可以和老师、小朋友讲故事、唱歌，做游戏也主动多了。看着文文的进步，家长和老师都很高兴。随着对幼儿园环境的逐渐熟悉，文文终于讲话了。

相比之下，孤独症患儿不讲话，多数存在语言发音障碍，只会张嘴，但不出声，或者是可以发声，但多为无意识的自言自语，使别人不能理解其意思。有些孩子会讲话，但主动语言少，多为广告词或鹦鹉学舌式的语言。他们对环境的改变，表现为烦躁不安，同时伴随有刻板的行为及动作，如不满意即表现出冲动或自伤（咬手、打头）等行为。孤独症患儿大多数伴随有智力发育落后，他们在集体环境中很难进入角色，不会与同龄儿童交往。

十二、孤独症与阿斯伯格综合征

阿斯伯格综合征的全部兴趣活动具有孤独症的典型特点，同样存在社会相互交往的实质性损害，以局限刻板、重复为特点的障碍，但没有语言和认知发展方面的全面迟滞。它与孤独症在临床上存在很多的相似点，ICD-X把阿斯伯格综合征称为广泛性发育障碍的一个亚型，又被称为孤独症的轻度变异。

10岁的男孩斌斌是独生子。母亲孕期体健，足月顺产，体重约2.9千克。混合喂养，1岁4个月开始走路讲话，既往无重大病史，也无家族史，躯体检查无明显异常。

斌斌上小学五年级，上课经常不遵守纪律，干扰课堂的正常教学秩序，学校多次提出劝其退学。据斌斌的母亲讲，从开始上学各科老师就经常找家长反映，斌斌上课根本不听讲，小动作多，擅自离开座位，老师批评也无动于衷，好像没听见一样，就连校领导来听课时，也敢大声讲话，经常不按时完成作业。在学校里，他很少与同学、老师打招呼，不会与同学交往，看见同伴玩得热火朝天，也想凑上去玩儿，但不懂游戏规则，也不会征得对方的同意。他动作协调性差、笨拙，使得同学们不愿与他玩儿，还常受别人欺负，但回家从来不会学舌，不会告诉父母。他经常一个人独处，有声有色地哼着小调。他有时不高兴，会表现为发脾气，伴有冲动、破坏行为，如把同桌的学习用具扔到地上，或突然推、掐同学。当老师问到他时，他很难像别的同学一样去强调自己是对的，不会为自己申辩理由，讲话时也很少注视对方。

斌斌的学习成绩中上等，数学成绩突出的好，计算速度快，于是总给同学提些数学方面的怪问题，使别人无法回答。他总是跟在老师后面，问一些数学的难题、怪题，有时老师正忙于备课，他不打招呼就闯入办公室问问题；有时老师在找同学谈话，他也会跑过去，不适宜地问数学题。他除了谈论数学有话，其他的聊天他则很难参与。老师一度想培养和训练他一些解题思路，但他又不能听从老师安排，不按照老师的思路走，而是随心所欲，使老师辅导很困难。他记忆力非常好，语文字词及英文单词很少写错，但作文及造句表现困难，表达能力较差，很难根据作文题目写出自己的心理活动及情感反应。斌斌擅长音乐及绘画，一次可以弹琴、画画一两个小时。父母曾尝试着找老师辅导钢琴和绘画，但他上课时却不专心听讲。画画时，常常不按老师的要求画，而是自己独创地画，别人不能改变他的意愿。如画动物，就只画一种动物，绝不画其他内容，表现得极为刻板。学弹钢琴时也不能按老师的要求弹，喜欢一首曲子，则总弹这首，以致教课老师认为他很怪，与其他孩子不一样。斌斌9岁时曾进行韦氏智力测验，测得智商120，社会适应能力为边缘。

在进行精神检查时，斌斌是随父母一起进入诊室的。进入诊室后，斌斌对大夫及周围环境无任何陌生感，不能主动打招呼；随手拿起诊桌上的玩具摆弄，片刻后问大夫还有玩具吗？大夫告诉他没有，他不相信，乱翻诊桌上的每个抽屉。妈妈制止他，给他一本故事书。他大声地朗读，并说太简单了。很快读完后他又到处乱翻，很难安静。大夫给他纸和笔让他画画，他很快在纸上画满十多只大小不同但面部表情完全一致的小兔子，而且每只兔子都是在草地上吃萝卜和青菜。再让他画其他动物，他表示不同意，却自己在纸的背后做出十几道算术题来。

大夫得出的临床印象是：全面发育障碍——阿斯伯格综合征。从患儿的临床表现看，虽然他的语言发育正常，智力水平正常，但就其语言的表达技能还是存在明显的障碍。虽然他喜欢提问题，但问题过于单调，不会与同学聊天，进行有来有往的互动，热衷于单方面交往。他的动作过于笨拙，协调性差。另外，患儿存在有明显的社交技能障碍，不能与伙伴建立自然、轻松、和谐的关系。他喜欢并有愿望与人沟通，不甘寂寞，但往往不会适宜地向别人灌输自己的理念和意图，从来不考虑这样做别人能不能接受，时间、地点是否合适。他在与人交往中，会表现出怪异的举止，甚至对他人有攻击性的侵犯，同时兴趣又有局限，表现刻板。

阿斯伯格综合征在我国的患病率不高，目前没有确切的疾病调查报告。一方面是由于孩子成绩好，其他方面的问题被家庭忽视；另一方面，这类孩子可能被认为是性格或个性问题被忽视，所以及时到医院就诊的情况较少。从门诊的就诊率来看，其患病率明显低于孤独症的患病率。此病与孤独症一样，男孩患病明显高于女孩。这类患儿主要表现为社会交流障碍及刻板重复行为。他们在语言和认知能力方面发育是正常的，而且多数患儿可能在某些方面表现为超常，尤其对文字、地图、火车时刻表、交通路线、历史年代以及数学的记忆方面有独特的兴趣。他们的语言能力尽管正常，但仍然可以发现，阿斯伯格综合征的患儿口头语言存在异常，给人感觉为语言过于教条或像卖弄文字。动作笨拙也是他们的特征。在集体环境中，他们难以与同学建立友谊，通常在学龄期才被发现。目前阿斯伯格综合征的病因尚不清楚，药物治疗只对改善患儿的某些症状有所帮助，如兴奋剂在治疗冲动、多动和注意力维持短暂方面有效果。对于预后的问题，有研究报道，随着患儿的逐渐成长，症状会有所改善，但同时也有相反的意见认为这种异常可能会持续到青少年时期和成年。

十三、孤独症与抽动秽语综合征

抽动秽语综合征是一种不自主的、突发的全身性抽动，同时伴有喉肌抽动，不同程度的干咳样喉音，有时还带有谩骂的言语，症状时重时轻，持续时间较长。

孤独症患儿可同时合并抽动秽语综合征。

一个5岁的孤独症患儿，母亲为了让其接触更多的小朋友，把他送入幼儿园。因环境的突然改变，加上母亲的离开，上幼儿园两周后，家长及老师均观察到患儿有不自主的面部抽动，表现为频繁地眨眼、挤鼻子、咧嘴，伴有喉部的不自主发声及讲脏话、骂人。开始家长误认为是上幼儿园跟小朋友学的，但仔细观察发现，孩子在幼儿园很少与小朋友交往，多一个人独处，也很少参加集体游戏。母亲带孩子去看医生后了解到，他患上了抽动秽语综合征。

抽动秽语综合征是一种心理、运动功能障碍性疾病，原因可能与环境的改变，患儿还不能适应有关。这里需要指出的是，要将此综合征与癫痫发作相区别。抽动秽语综合征的抽动，只在白天发作，夜间入睡后不发作。这种抽动的发作不伴有意识的丧失，脑电图检查无明显特异性，口服氟哌啶醇，可有效地治疗和改善症状。癫痫的发作一般无明显的规律性，大发作时有意识丧失。发作过后，患儿无精神，疲乏无力，易困倦，脑电图可有明显的癫痫波，给予氟哌啶醇治疗是无效的。

十四、孤独症与强迫症

儿童强迫症是以强迫观念与强迫行为为主要表现的一种儿童期情绪障碍，占儿童与少年精神科住院与门诊病人的0.2%～1.2%。儿童强迫症具有遗传易感性，主要表现为强迫观念和强迫行为两种类型。

强迫观念包括：

▲ 强迫怀疑。怀疑已经做过的事情没有做好，被传染上了某种疾病，说了粗话，因为自己说坏话而被人误会等。

▲ 强迫回忆。反复回忆经历过的事件、听过的音乐、说过的话、看过的场面等，在回忆时如果被外界因素打断，就必须从头开始回忆，因怕人打扰自己的回忆而情绪烦躁。

▲ 强迫性穷思竭虑。思维反复纠缠在一些缺乏实际意义的问题且不能摆脱，如沉溺于“为什么把人称人，而不把狗称人”的问题中。

▲ 强迫对立观念。反复思考两种对立的观念，如“好”与“坏”、“美”与“丑”。

强迫行为包括：

▲ 强迫洗涤。反复洗手、洗衣服、洗脸、洗袜子、刷牙等。

▲ 强迫计数。反复数路边的树、楼房上的窗口、路过的车辆和行人。

▲ 强迫性仪式动作。做一系列的动作，这些动作往往与“好”“坏”或某些特殊意义的事物联系在一起，在系列动作做完之前被打断则要重新来做，直到认为满意了才停止。

▲ 强迫检查。反复检查书包是否带好要学的书，口袋中钱是否还在，门窗是否上锁或关闭，自行车是否上锁等。

强迫症状的出现往往伴有焦虑、烦躁等情绪反应。严重时会影响到患儿睡眠、社会交往、学习效率、饮食等多个方面。

根据DSM-Ⅴ诊断标准进行诊断，诊断依据包括以强迫性思维和/或强迫性行为为主要临床表现；患者认识到这些症状是过分与不现实的，因无法摆脱而苦恼不安（年幼儿童可能不具备这一特点）；症状影响日常生活、工作、学习、社会活动或交往等功能；排除其他神经精神疾病或强迫症状，不能以其他精神障碍所解释，临床明确诊断不难。孤独症儿童的刻板、重复、单一不变的异常行为是典型特征，与强迫症症状部分相似，但强迫症的患者无语言、沟通方面的障碍，两者可以借此相鉴别。部分孤独症孩子临床上可伴发强迫症。

十五、孤独症与严重剥夺

被严重感情剥夺了的儿童，尤其是被剥夺了与看护及抚养人的密切接触及交流的婴幼儿，在社会化、语言及智力发展方面都会受到阻滞。

被严重感情剥夺的儿童会表现得非常退缩、胆小和没有反应，类似于孤独症的印象。但对整个行为模式进行仔细对照观察，就能显示出区别。被严重感情剥夺的孩子，在给予几周或者几天的爱心关怀及爱抚的护理之后，孩子就会在各个领域的发展方面明显进步。例如，在婴幼儿时期，环境的突然变故，亲人的不幸去世、离开，使得在感情上受到伤害，孩子可表现为害怕、紧张、焦虑不安、主动语言及要求明显减少。他们在与伙伴的交往中，显得退缩、无助、孤僻、离群。但只要家长能及时发现，给予孩子更多的关心及爱抚，使孩子很快找到安全感及依恋感，上述症状会明显得到改善。

孤独症的患儿则不然，他们对亲人的依恋建立得非常缓慢，在经历了同样的挫折后，即使给予他们相同的关爱、护理和耐心训练，其基本的状态依旧。

要在两者的区别上做出最重要的诊断，依据是观察和给孩子提供较好照顾及更广泛的情感关爱之后的效果。被严重感情剥夺的患儿和孤独症患儿对抚养人的感情寄托及感情依恋是有所不同的，前者较后者更能较快地适应环境及对抚养人建立依恋。当然在区别两者时，还要注意剥夺的时间要持续多久，对孩子的影响才无法逆转这样一个未曾解决的问题。

第六章

孤独症儿童的教育与训练

我们应当按儿童发展的领域规划课程，对儿童开展全面的、系统的、科学的训练，促进孤独症儿童全面发展。行为发展训练与行为矫正训练是基础，语言交往训练是核心，提高社会适应能力是教育训练的最终目标。

不管你的孩子目前处于一种什么状况，不管你的孩子处于什么年龄段，特殊教育训练都会使他们的状况有所改变，使他们的能力得到提高，潜能得到开发。

一、帮助孩子时应该考虑的主要问题

孤独症不是父母的错，但是我们可以“改变”孤独症。为了改变孩子，我们必须首先改变自己。假如我们不懂孤独症，就无法带领孩子走出孤独。

（1）想确认自己的孩子是否患有孤独症，就一定要搞清楚什么是孤独症。不懂孤独症就不能带领孩子走出孤独。

父母要正视孤独症，了解孤独症的基本特征，各种表现形式。只有真正了解了，才能真正理解自己的孩子“异于常人”的各种行为，从而站在孩子的角度，从孩子的立场出发去考虑问题。

（2）为了改变孩子，我们必须首先改变自己。我们会看到由于自己的变化而带来的令人欣慰的结果。

有的家长在孩子被确诊为孤独症后，悲伤疑惑，甚至辗转各个医院，期望大夫的诊断有误。甚至有的家长一直拒绝承认自己的孩子患有孤独症，觉得孩子大一点儿就慢慢好了。即使到康复训练机构进行训练，也因为不完全信任老师而耽误了孩子的最佳干预期，或者影响了康复训练的效果。实际上，不管孩子是否戴上孤独症谱系障碍的帽子，都不是最重要的。最重要的是，一旦觉察孩子的发育与普通孩子相比存在差异，就应当抓住最佳干预期，让孩子进行康复训练。对于进入到康复训练机构的孩子，家长也不能完全依赖机构和老师，应当自己加强这方面的知识，配合机构与老师，为孩子的成长创造最好的条件。

（3）期待孩子的未来，只能从不同于正常孩子的发展轨迹去规划。要做最坏的打算，但是更要不遗余力地争取更好的未来。

有一些家长在孩子被诊断为孤独症后，产生了放弃的想法。虽然目前为止，没有特效药能让孤独症痊愈，但是科学研究表明，早发现、早诊断、早康复训练能够最有效地帮助孩子的预后。因此，家长要做最坏的打算，但是更应该不遗余力地帮助孩子进行康复训练。尤其是早期的干预训练非常重要，这不仅能帮助孩子和家庭提升未来的生活质量，也能减少对社会造成的负担。

（4）为了孩子的康复，应该让必须知道的人知道孩子的疾患，同情和理解会帮父母们的大忙。

让必须知道的人知道孩子的疾患这一点也很重要。藏着掖着并不是高明的做法，反而会增加他人异样的眼光。当今社会，随着科普的深入，越来越多的人认识、包容和接纳孤独症人士。因此，当自己的孩子被诊断为孤独症之后，让身边的人知道孩子的疾患，能够让他们更同情和理解父母，甚至能够为孩子各项技能的泛化练习充当帮手。

（5）要留意孩子喜欢什么，不喜欢什么，以什么方式介入是孩子可以接受的。打开孤独症内心世界的一扇门窗，走近他们，要求我们要有一份深厚的爱和一份责任感。

当家长能够了解孤独症，更充分地了解自己的孩子时，就可以以孩子能够接受的方式介入他的康复训练中去，从而打开孩子的内心世界。当走进孩子的内心之后，家长会发现自己的孩子其实很可爱，很有发展的潜力。他们并不像外界说的那样，完全不能与亲人发展亲情关系。当家长温和地跟孩子说话，对他笑，由衷地夸赞他，给他充满爱意的抚摩和拥抱，或者做亲子游戏时，你会发现孩子的情绪变得越来越稳定，他对你的反馈也会越来越多，越来越好。

（6）要帮助周围的孩子理解和容忍孤独症儿童的不正常行为，使他们对我们的孩子好一些，不受他们的取笑。

除了争取身边成人的理解与支持外，家长还要帮助周围的孩子理解和帮助孤独症孩子。当身边的孩子能够理解孤独症孩子的异常行为之后，他们就不会取笑或者欺负孤独症孩子，甚至能够充当家长的助手，帮助孤独症谱系孩子练习模仿能力，练习语言和社会性等技能。

（7）语言理解是语言表达的基础。即使孩子不说话，也要坚持不断地跟孩子说话。

和普通发育的孩子一样，虽然孤独症孩子存在某些方面的障碍，但是他们首先是孩子，然后才是有一些障碍需要我们帮助的孩子。因此，对于语言理解或语言表达方面有障碍的孩子来说，家长也应该坚持不断地跟孩子说话，描述孩子每天所经历的事情与环境变化。久而久之，孩子的语言理解能力就会上一个台阶，语言表达能力也有可能得到提升。

（8）学知识和全面的康复训练不能画等号。全面的、系统的行为干预训练，才是孤独症儿童的康复之路。

有一些孤独症孩子的症状不是特别明显，被人称为高功能或者中高功能孩子。这一部分孩子的家长往往期望孩子能够学习到很多知识 ，将来进入普通的学校，考上大学，并顺利参加工作。这一期望并不过分，但是你会发现孤独症孩子进入学校后被退校更可能是因为其行为问题，而不是学业问题。因此，对于孤独症孩子而言，全面系统的行为干预训练才是正确的康复之路。

二、给孩子巨大的精神关怀

在我们周密地考虑帮助孩子的具体措施时，还要想到给被疾患困扰的孩子以巨大的精神关怀，这也是救助孤独症儿童的一剂良药。

我们的孤独症孩子需要什么？他们需要特殊教育。一份高度结构化的个别教育计划对孩子的康复非常有帮助。他们需要语言训练、运动训练、行为训练；他们还需要药物辅助治疗和食物疗法。在我们周密考虑这些帮助孩子的具体措施时，有没有想到过在精神上给孩子些什么帮助呢？

事实上，对深受疾患困扰的孤独症儿童来说，最需要的是来自父母，来自周围人们对他们精神上的巨大关怀，不管这个儿童的现状和将来如何，精神上的快乐是首要的。快乐的源泉来自哪儿？首先是来自父母和周围人们的大量给予，然后来自儿童自己的创造。那么，我们怎样做才算是给了孩子巨大的精神关怀呢?

理解孩子的疾患

理解孩子的疾患，我们起码应该做到以下三点:

一是不当面对孩子随意发脾气（因为他们是那样的无助和无辜）。面对孤独症儿童的种种不可思议、令人难堪、令人心碎的行为，我们有一百个理由发脾气，但是，这于事无补，只能给孩子精神上带来更多的创伤。如果实在难以控制自己的情绪，那就避开孩子，躲到一边儿去痛快地哭一场，或者找你的亲人或朋友尽情地诉说一番。

二是尊重孩子的自我世界，加入进去，再带他出来（因为他们对周围世界是那样的困惑，自己找不到一条通往现实的路）。当你看见孩子在那里没完没了地原地转圈，或者反复地把某些东西排成一排，或者在那里眯缝着眼睛把手放在眼前不停地扭动时，你不要呵斥他："别做了"，而是应该轻轻地走近他。如果他不强烈地反对的话，你慢慢地加入到他的活动中，再慢慢地把他带入一个新的游戏中。

三是充分理解他们在学习中的困难，教学设计要非常人性化，要给予他们必要的种种辅助（因为疾患造成了他们种种能力的缺失）。结构化的环境、结构化的教学内容、结构化的教学程序，会对那些理解有困难的儿童很有帮助。对于一个各种能力严重缺失的孩子，埋怨他笨是没有道理的。所以，一开始的学习怎么辅助都不为过。手把手地教他们学习各种技能，逐渐地把他们引入到一个有意义的世界中去，是我们必须努力去做的工作。

充分表达对孩子的爱

我们对孤独症儿童的爱不只是要爱在心里，更要以特别具体的方式充分表达。我们要用亲切的话语，微笑的面孔，充满慈爱的眼神和温柔的抚触去传达对孩子深切的爱。我们要不断地对他说："孩子，妈妈爱你！"当孩子为某事感到紧张、害怕时，我们要搂紧他（如果他不反对），并对他说："别害怕，有妈妈在！"让孩子从我们的行为中去感受你是多么的爱他，去学习怎么表达他的爱，让孩子在爱的氛围中成长。当有一天我们终于得到回报时，你和孩子都是最幸福、最快乐的人。

欣赏孩子，用心夸奖孩子

欣赏一个欢蹦乱跳、聪明伶俐的孩子容易，欣赏一个孤独症孩子却不那么容易，因为我们看得太多的是他的缺陷。但是我们必须学会去欣赏他们，用心去夸奖他们，而不是无休止地埋怨他们。也许我们的孩子在某些方面有明显的缺陷，但是他们也一定有很多可爱之处，这需要我们调整心态，转换角度，用心去发现。为赞扬孩子的每一点进步，我们要不吝啬溢美之词，用真心去夸赞他："你真棒！""你做对了！"让孩子在欣赏的眼光里、在大声赞扬的话语里获得快乐，培养出自信。我们还应真诚地去期待孩子的未来，在真诚的期待中，孩子的潜力也正在一点点地被开发出来。

做孩子的玩伴，给孩子带来快乐

孤独症儿童不会玩儿，不会与同龄人做游戏。这是他们的社会认知缺陷的突出表现，也是他们不快乐的一个原因。冲破这种障碍的有效办法就是，父母首先来充当孩子玩耍、游戏的伙伴。我们要会玩儿时的各种简单游戏：趴在地上让孩子当马骑；让孩子坐在我们腿上"骑大马"；会给孩子"举高高"……我们还要引导孩子玩更有意义的各种游戏：追逐、藏猫猫、比赛……游戏和好的玩伴是孩子情绪最好的稳定剂。在你的帮助下，孩子不仅获得了精神上的快乐，同时也学到了一些游戏的技能及规则。

如果我们既注意了以各种具体的方式去帮助孤独症儿童，又注意了在精神上给予他们巨大的关怀，那么，这个孩子一定是幸福的、快乐的。

三、孤独症儿童教育训练的内容

我们应当按儿童发展的领域规划课程，对儿童开展全面的、系统的、科学的训练，促进孤独症儿童全面发展。行为发展训练与行为矫正训练是基础，语言交往训练是核心，提高社会适应能力是教育训练的最终目标。

孤独症儿童的教育训练内容有以下几个方面：

参与能力训练

参与技能在孩子的日常生活及教育环境中都非常重要。最基本的参与能力包括：活动时安坐的能力（例如，吃饭时能安坐，在学校的活动中能够恰当就座等），持续地眼神接触，以及参与活动等。

模仿能力训练

参照模仿能力是其他学习能力的基础，因此，孩子的模仿能力训练非常重要。模仿能力训练内容包括：物品操作类的模仿、动作模仿、声音模仿等。通常，儿童大动作的发展先于精细动作的发展，因此训练最好从物品操作类的模仿、大动作的模仿开始，然后进行精细动作的模仿，之后逐渐进行两步或者更高级（例如涉及动作的辨别，交叉的动作模仿，三步动作模仿，模仿录像或图片中的动作等）的动作模仿、语言模仿等。对于没有语言的孩子，从物品操作类的模仿过渡到动作模仿，再逐渐进入声音模仿是比较容易成功的。

物品操作类模仿是指操作物品的动作模仿，例如摇沙锤，推着玩具汽车跑等。

感知能力训练

感知能力训练主要包括：听觉训练、视觉训练及触觉训练等。听觉、视觉与认知功能关系最为密切。在日常生活中，家长可以有意识地进行听觉、视觉、触觉方面的训练，比如视觉方面的活动，搭积木、拼拼图、分类物品、配对类的游戏等；触觉小游戏，“摸摸袋子里有什么”游戏等。

语言能力训练

语言能力训练包含接受性语言训练以及语言表达技能训练。接受性语言能力代表着孩子的语言理解能力，通常语言理解能力的发展要先于语言表达能力。因此，接受性语言能力对于孩子而言是非常重要的。训练的内容一般包括：执行简单的一步指令，继而执行多步指令，接着执行复杂的涉及功能、特征、类别等的指令（例如，“把那个瓷的勺子给妈妈”或“红色的圆圆的水果是什么”等），最后在集体环境下听从集体指令等。

语言表达能力就是我们通常理解的“说”的能力。语言理解及模仿是语言表达能力的基础。没有口语的孩子，在开始教他们学语言时，手势及言语要同时使用。语言训练的内容包括：发音、用单词表达、说短语、说完整话、回答问题、描述活动和事件、社会性对话、问问题、回忆、复述、语言技能等。

生活自理技能训练

掌握生活自理技能是孤独症儿童康复训练最基本的目标之一。训练内容应包括：穿脱衣服训练、饮食自理训练、洗漱训练、大小便习惯训练，以及帮助做家务、培养兴趣和获得休闲娱乐技能的训练。

学业技能训练

对于许多孤独症儿童而言，学业技能可能不是最紧要的，但是也是日常教育训练的重要内容之一。训练的内容包括：识别颜色、形状、数字、字母、文字；涂色，写字，画画，连线，折纸；能阅读，理解字的含义；能持续做任务；简单的数学计算能力等。这些技能是孩子融入普通学校的基础之一。

社会交往技能训练

掌握基本的社会交往技能，应该说是孤独症儿童康复训练的终极目标，或者说是孤独症患者进入现实社会的一张门票。社会交往技能训练有两个方面的内容：社会性游戏技能和社会性交往技能。社会性游戏技能训练包括：与人和物的接触；操作物品的技巧；遵从简单的游戏规则（等候、排队、轮候）；参与假扮游戏；接电话；独立完成任务。社会性交往技能的训练应包括：与人接触的正确方式（对视、呼叫反应、接受别人的亲近）；社交沟通的能力（表达需求、愿望、遵从指令、请求帮助、征求意见、表示意见、交换信息）；建立适当的社交反应（表达感谢、亲热、反对、自我控制、尊重他人、帮助他人、理解他人）。

行为矫正

对于孤独症儿童频繁发生的一些行为问题的处理也常是特殊教育训练的一项相当重要的内容。行为矫正涉及的重要问题是：自伤行为、破坏行为、攻击行为、自我刺激、重复刻板行为及其他缺陷行为。

四、关于波特奇早期教育方案

波特奇早期教育方案是一套适合有特殊需要的儿童及有特殊需要的家长的教育方案，能具体指导家长直接参与儿童教育训练。

波特奇早期教育方案因出自美国威斯康星州的波特奇市而得名，是一套适合有特殊需要的儿童及有特殊需要的家长的教育方案。这套以家庭为中心（以家庭的自然环境为训练场所，以家长为主要训练者）的理念设计的早期教育方案在1975年正式出版后，曾引起世界各地专业工作者的重视，被转译成十多种文字介绍给几十个国家及地区。1992年，我国由苗淑新等人编译了这套早期教育方案。不少教育工作者把这套方案用于孤独症儿童的教育训练。

波特奇早期教育方案内容详尽、具体，共分6个领域：婴儿刺激活动、社会行为、语言、生活自理、认知、运动，列出了儿童各个年龄层发展的行为目标600多条（中文版），并对指导方法作了具体的说明，适合家长直接参与儿童教育训练时使用。此方案既可以评估儿童的现有发育水平，又能为教育训练计划的制订提供具体的内容。如果父母使用该方案，会看到方案中除了“婴儿刺激活动”这一领域的年龄段是在0～1岁外，其余5个领域都包含了0～6岁各年龄段的发展目标，每个领域的各年龄段列有至少10项以上的发展行为目标。

以认知发展领域1～2岁的发展目标为例：

▲ 从容器中分别取出6件物品。

▲ 听指令，让孩子指出自己或玩具娃娃身体的各部位。

▲ 模仿搭3块积木。

▲ 配对两个完全相同的物品。

▲ 任意涂写。

▲ 听到问“××在哪儿”时，会指自己（××指儿童名字）。

▲ 遵从口头指令，把5根圆棒插入洞板。

▲ 图片、照片与实物配对。

▲ 指出图片、照片上的图画。

当你逐一核对出孩子在某领域的某年龄段的行为能力（已具备的和不具备的）就可以对孩子进行一个简单的评估。以上表为例，如果孩子在这10项目标中，已有8项（即80%）都通过了，那么你的孩子的认知能力基本达到了2岁的水平；如果只通过了一半（50%），则只达到1岁半的水平。如果只有两项通过了，则基本上还处于1岁的水平。

除了波特奇早期教育方案之外，家长们还可以参考另外一种方案——早期训练指导纲要，简称260项。此纲要按照儿童0～5岁心理发展的顺序，共列出260项5大领域的适应性技能的训练项目。使用此纲要既可以了解患儿在各个领域内与正常儿童的差距，又可根据纲要提示来确定具体的训练目标。

五、教育训练计划的制订

教育训练计划的制订必须建立在科学评估的基础之上。一份好的、结构化的个别教育训练计划，会给孤独症儿童康复带来真正意义上的帮助。

目前常见的能力评估工具有：PEP（心理教育评估），VB-MAPP（语言行为—里程碑评估及教育安置计划），ABLLS（基本语言与学习技能评估）等。

对孩子做出评估之后，就可以针对孩子的发展不足来制订计划。一般可有针对性地选出2～3个领域中的1～2个项目作为训练内容（见下表）。

个别训练计划举例

儿童姓名：　　　　　年龄：　　　　　指导老师：

领域	项目	要求	开始日期	通过日期	备注
认知	1.配对两个完全相同的物品				
	2.图片、照片与实物配对				
生活自理	1.用一只手拿杯子喝东西				
	2.脱袜子				
运动	1.模仿将球推向对方				
	2.双脚跳过3厘米障碍物				
……					

对于比较复杂的行为，要把一个大目标分成许多小目标一步一步地完成。一开始要用辅助技巧（后面有文专门介绍），帮助儿童完成任务。

记录训练计划实施的情况也是必不可少的一项工作。通过记录可以从中了解到孩子完成任务的情况及检查出计划中有什么项目需要修改。记录时一般每次使用一张表格，记录内容通常有儿童姓名、训练老师、日期、教学目标、记录方式及指导方法等（见下表）。

训练记录表举例

儿童姓名：小晓	辅导老师：刘老师	日期：2004.3.1－2004.3.8
教学目标	标准	记录方式
1.小晓独立配对两个完全相同的物品（3种）	5次/天，连续做3天	X：情绪不好或不愿意学 F：需要辅助 D：独立完成

日期	1	2	3	4	5
3月1号	F	D	D	F	X
3月2号	F	X	D	D	F
3月3号	D	D	D	D	F

记录的方法可以有多种形式，用简单具体的方式（用文字描述的方式过于复杂）呈现出教学目标完成的情况是设计记录表的根本指导思想。

六、关于结构化教学法

孤独症儿童的视觉辨别及记忆优于听觉辨别及记忆，也就是说“看”比“听”更容易。结构化教学正是扬孤独症儿童之长，避孤独症儿童之短，利用图片、相片、数字、文字、符号这些可视性媒介来帮助儿童学习。

结构化教学法是1972 年由美国北卡罗来纳州大学在自闭症与沟通障碍儿童的治疗与教育计划（Treatment and Education of Autistic and Related Communication Handicapped Children）中提出来的。结构化教学法，也称系统教学法，它根据儿童学习的特点（视觉辨别及记忆优于听觉辨别及记忆），有组织、有系统地安排学习环境、学习材料及学习程序，并运用实物、图片、相片、数字、文字、符号这些可视性媒介来标明学习的内容及步骤，帮助儿童理解环境的要求和教师、家长的要求，在高度结构化的环境中学习。

结构化教学法针对的对象是那些不适应学习环境的孤独症儿童，或者学习新事物有困难的儿童。当儿童不断进步，已掌握某种技能，会独立完成某项工作时，部分结构化教学的策略就要慢慢改变。

结构化教学法由5个部分组成。每一个部分紧密配合，构成一种模式，使教学的各种因素有机地形成一体，全方位地帮助孤独症儿童进行学习。

结构化教学法的5个组成部分包括：

视觉结构

视觉结构就是按合理的空间位置安排学习材料，并用文字、图片、实物标明学习的内容及步骤，突出材料的特征（比如颜色、形状），使儿童一看便明白做什么、做多少、怎么做。

视觉结构举例：

①配放4个颜色卡

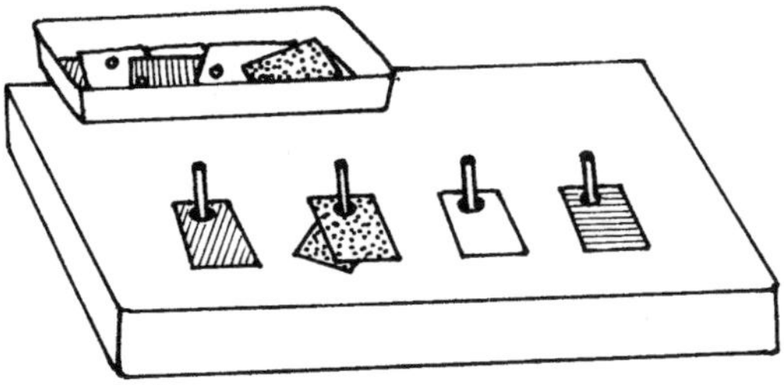

②穿线板

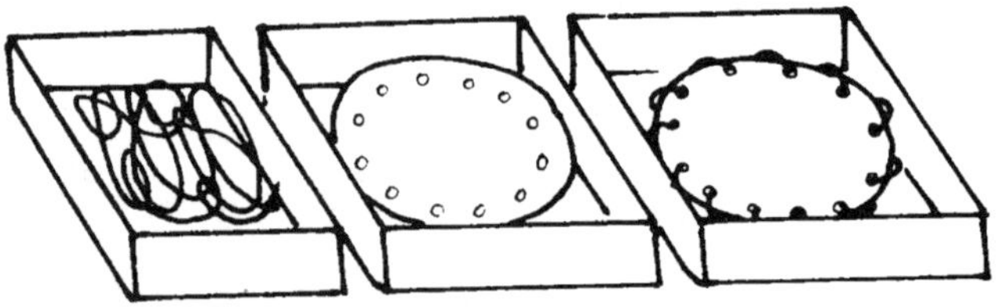

③脱袜程序

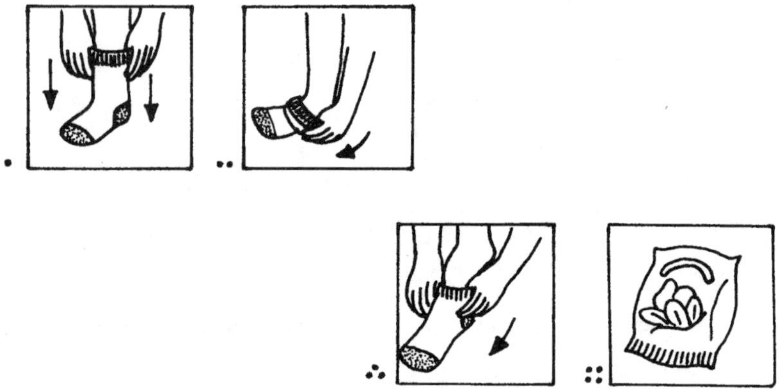

环境结构

环境结构就是用清晰的界限为儿童划定不同的活动和学习空间，使儿童慢慢了解哪些地方可以玩儿、可以去，哪些地方不可以玩儿、不可以去；他的学习用品、玩具、衣物应从什么地方拿取，用完后再放到哪里。

常规

常规就是帮助儿童建立起日常生活和学习的习惯及掌握做事的规律。常规是结构化教学法的重要内容。通过训练，帮助孤独症儿童逐步建立起有意义及有次序的行为习惯，无疑会给他们的学习和人际交往带来好处。

建立常规的内容包括以下几方面：

▲ 建立做事要有先后顺序的概念。比如，先学习再玩耍，先看指示说明再做事。

▲ 建立完成工作的概念。比如，把老师给的5张纸条全剪完，表示工作完成（工作完成后会有奖励或报酬）。

▲ 建立由左到右、由上到下的工作步骤概念。比如，写字、清扫、取东西。

▲ 学会看个人时间表。比如，每天活动开始之前去看时间表，按安排做事情。

▲ 根据个人工作系统中的安排去工作。

程序时间表

程序时间表即一日活动先后顺序的安排（课表或活动表），或是个人工作时使用的工作程序表。每日的程序安排都应略有不同，训练儿童适应不同的生活程序（以防刻板）。活动表可以用文字来制作，也可以是文字加图片。

程序时间表举例：

▲ 按程序表上的物品指示，到有相同物品的地方活动。

▲ 按工作程序表上的图卡指示，找出贴有相同图卡的项目。

个人工作系统

个人工作系统就是根据儿童需要建立一个独立的工作计划。它包括了结构化教学法的各个要素。无论是学校、训练机构还是家庭，都必须充分考虑儿童的特殊需要，为其制订一份切实可行的个人工作计划。

七、行为矫治与训练的理论基础

巴甫洛夫的经典性条件反射及斯金纳的操作性条件反射，是行为学最具影响的两大理论。大多数行为矫正的方法建立在操作性条件反射的基础上。

人的行为除了一些本能行为（眨眼、吮吸）以外，大部分行为（良好的与不良好的）都是通过后天学习获得的。不良的行为，可以通过改变相应的环境与教育训练的策略而消退。训练与矫正行为的技术正是以一系列的学习理论为基础逐渐发展完善的。其中最具影响的有经典性条件反射和操作性条件反射。

经典性条件反射与巴甫洛夫用狗做的实验分不开。他通过实验发现：条件刺激（喂狗时附加的铃声）伴随着无条件刺激（喂狗吃食）多次配对之后，条件刺激也会引起反应。也就是说，狗经过多次的学习之后，即便不出现食物，只听见铃声，也会引起流唾液的反应。这时铃声变成了条件刺激物。这种无条件刺激与条件刺激搭配起来，狗分泌唾液的行为就得到强化。反之，则减少或消退。由于这一条件反射是由刺激引起的应答性行为，故此条件反射被称为应答性条件反射。

之后，巴甫洛夫的条件反射理论又经过他人不断发展，在行为矫正中应用很广，厌恶疗法、系统脱敏法等都是它的具体应用。

操作性条件反射论源于美国心理学家斯金纳的白鼠实验。他的实验发现：白鼠偶然、无意按压杠杆的行为发生后，如果有食物（强化物）出现，它按压杠杆的行为就会增加。也就是说，操作伴随着一个强化刺激，那么这个操作发生的次数就会增加。斯金纳的实验由后人发展并应用于儿童的行为训练中。大多数行为矫正的方法建立在操作性条件反射基础上。行为矫正中常用的正强化、惩罚、消退、塑造、链锁（或称链接）、渐隐法都可以看作这一理论的具体应用。

20世纪60年代开始，美国心理学家洛瓦斯等人利用行为原则（即行为矫正原理与方法）发展、演变出一套完整的行为训练方法帮助孤独症患者，经过10年左右的时间在70年代建立了一种早期密集行为干预课程的康复模式，称为洛瓦斯模式。目前，以应用行为分析为基础的孤独症康复模式已广泛地应用于孤独症儿童的教育训练中。当然，需要明确的是，应用行为分析是一门科学，是研究人类的行为与环境之间的功能关系的科学，它并不是一种方法，也不是因为孤独症才形成的方法。因此，它不仅对孤独症儿童有效，日常生活中对所有人的行为都有效。

八、行为矫治的常用方法与原则

奖励好的行为，以后这种好行为还可能会再产生；惩罚不良行为，那么，以后有可能不再出现这种不良行为。对某些行为稍加注意，可使其自行消退。

用于治疗儿童行为问题的行为矫正方法很多。用于孤独症儿童的行为矫正方法有：强化、消退与惩罚、塑造与链锁、隔离、示范、渐隐等（其中正强化、消退两种方法是最常用的）。现分别简单介绍如下：

强化

强化包括正强化和负强化。

正强化指孩子的行为发生后，即跟随一个喜爱的强化物的出现，那么以后在类似的情况下这种行为的发生率就会增加。比如在训练中，孩子完成了某一个项目就奖励他，或给他一点儿喜欢的食品，或称赞他“做对了”“做得好”等，下一次孩子就会继续完成这一个项目。这时我们就说孩子的行为受到了强化。需要注意的是，在正强化的模式中并不总是强化好的行为，也可能会强化孩子的不恰当行为。例如，孩子想吃薯片，他说“我要吃薯片”，妈妈夸奖孩子正确提要求，但是在给孩子薯片之前，孩子又跳着说了一遍“我要吃薯片”，这时妈妈正好把薯片给到孩子手里，孩子因为拿到薯片停止了跳跃。那么这时候薯片强化的可能不仅仅是孩子的语言，也包括了孩子着急跳跃的行为。

负强化是指行为之后跟随着一个不喜欢的活动或情况的中止。日常生活中，对于已经存在的情况，我们可以使用负强化来增加孩子好的行为的频率。一旦他出现一种所期望建立的良好行为时，立即减少或撤除原有的（正在经历的）厌恶刺激或情景，并使其日后在同样情景下，提高该替代性良好行为的出现率。比如，一个孩子对声音很敏感，当电视或者录音机中的声音太大时，马上捂耳朵并尖叫，妈妈马上把电视或录音机关掉。妈妈关掉电视机或录音机的行为帮助孩子移除了他不喜欢的事情（音量太大），这样就强化了孩子捂耳朵尖叫要求调低音量的行为。下一次，孩子捂耳朵尖叫的行为可能性会增加。这并不是我们所期望的，正确的做法是，妈妈教孩子表达“请把音量调低”“请关上×”或者教不会说话的孩子用其他方式表达出来后，再去关掉电视或录音机。

消退与惩罚

消退指孩子之前受到强化的行为发生之后，不再跟随强化物的出现，使得孩子的这一行为逐渐消失的过程。例如，孩子之前总是用哭闹来获得大人的关注，大人也总是在孩子哭闹时去安慰孩子，满足了孩子寻求注意的目的。现在想要消退孩子哭闹寻求注意的行为，就是在孩子哭闹寻求关注时不给予关注。换句话说，就是对孩子哭闹的行为少加注意（即没有身体上的接触、眼神的对视、语言上的安慰等），使之慢慢消退。需要注意的一点是，只有当孩子的行为是为了寻求他人的关注时，“忽视”才能够起作用。如果是其他目的，比如哭闹逃避做任务，这时候你的“忽视”恰恰让孩子达到了逃避的目的。

惩罚指在某个行为发生后，立即给予厌恶刺激（惩罚物）或减少、撤除正在享用的强化物，从而导致将来这一行为发生的可能性降低。需要注意的是，行为分析中的惩罚与日常生活中的惩罚（例如，小偷偷东西被关进监狱，乱停车被开罚单等）不是一个概念，日常生活中的惩罚重在惩罚违规的人，而行为分析中所说的惩罚重在通过后果来减少人在未来发生类似反应的频率。比如，一个儿童在集体游戏中把一个同伴推倒在地，他对这个游戏又非常的感兴趣，这时立刻把该儿童带出游戏圈，并告诉他因为推倒了同伴所以现在不能玩游戏，之后该儿童在游戏时不再推同伴了。这种暂时的隔离就是惩罚方法中的一种方式。当然，惩罚的方法要慎用，只有在其他正向积极的干预方法都无效时才考虑使用此方法。即使使用惩罚也不宜单独使用，应同时配以其他的正向干预方法（如差别强化等）一起，以鼓励儿童做出适当的行为。

塑造与链锁

塑造与链锁，都是通过将技能分解成若干有机的小步骤来教儿童一项完整技能的方法。有人将这两种方法统称为任务分析法或工序分析法。

（1）塑造

塑造是从近似行为开始来建立一种新的行为，或原来会现在不会的行为的过程。因此，也有人称塑造为连续接近法。比如，要实现让儿童用细线穿小珠的行为目标，那么就先从用粗而较硬的线（如粗的废电线）穿大珠（如算盘珠）的练习开始；再用中等粗的线穿较大的木珠……逐步将线变得越来越细，珠子也变得越来越小，加大这项技能的难度，经过系列练习而最终完成目标行为。完成这项目标行为的前提技能是：能用一只手拿起线，另一只手同时拿起珠子。塑造在语言训练、模仿训练、大动作及精细动作训练中都是一种有效的方法。

（2）链锁

链锁是将一个目标行为依进行时的先后顺序分成一连串的步骤教授的过程。借助链锁原理来训练比较复杂的系列行为动作和生活技能，如穿衣、刷牙、用勺子吃饭、上厕所等，是非常有效的。链锁可分为顺向链锁和逆向链锁。顺向链锁即先教系列行为的第一步，然后教第二步，这样一步一步地教，直至掌握整个过程。逆向链锁即先从最后一步开始教，然后再教倒数第二步，如此下去，逐渐逆向连接直到系列行为的开端。比如，独立穿短袜的目标行为，若用顺向链锁，则从用手找到袜子的正面开始，再教用双手展开袜口，如此往下一步一步教下去。若用逆向链锁，则从最后一步把拉到脚后跟的袜子提好开始教……

使用链锁法要注意以下几点：

▲任务分解的各个环节必须足够简单，使儿童没有太大困难就可以学会。比如，教一个孤独症儿童学会刷牙。如果只设计出：把牙膏挤在牙刷上—刷牙—冲漱这三个环节，就不太容易教会他刷牙。每个环节最好可以细分，比如，刷牙就可以分为：上下刷—刷右牙—刷左牙—竖着刷—横着刷这些小的步骤，以确保儿童能顺利地学会刷牙。

▲在对儿童进行链锁行为训练时，只有在儿童对上一个环节能够牢固地掌握之后，才能进行下一步动作的学习。

▲有些动作不宜用逆向链锁法，比如，学骑自行车、洗手等。

泛化与渐隐（亦称“辅助的撤销”）

泛化与渐隐是保证儿童经过行为训练之后，能真正在无任何辅助（提示）情况下把学到的知识技能灵活地用在不同情境中的行为训练技术。

（1）泛化

泛化是把在一种情景下所学的行为或技能转移到另一种情境中的过程。比如，教儿童认识红色时，他不仅能指出不同大小卡片上的红色，能指出书中不同处的不同形态的红色，还能在生活中处处找出红色。那么我们说，该儿童学到的关于红色的知识已经泛化了。泛化的实现有赖于训练者有意识地在不同的环境中去教同一种知识，并且对内容要稍作改变。

（2）渐隐

渐隐就是逐步撤去辅助或提示的过程。比如，教儿童正确地描圆的渐隐程序为：轻握儿童的手，把点描成圆→指尖触着儿童的手臂辅助他画→用手一一指着点辅助他→只给他指令“描这个圆”。

知识扩展　如何实施正强化

训练开始之初，给予孩子夸张的奖励特别重要。训练中必须使用多种强化手段，物质的和精神的奖励要同时并用。

强化是行为矫正技术中运用得最普遍的一门技术。在应用行为分析法体系中，强化也是一个重要概念，是回合教学法中的第四个要素（见下图）。

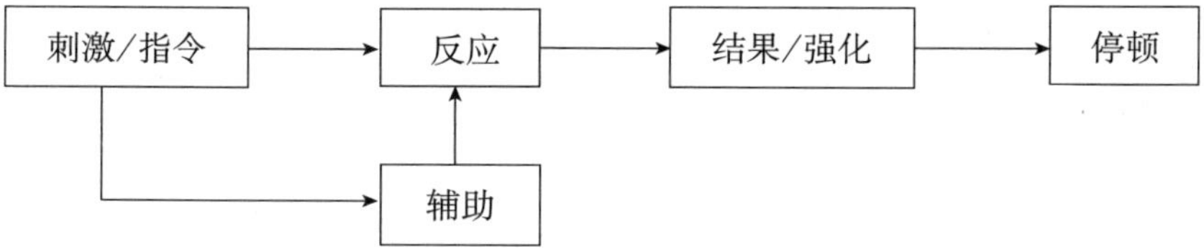

正强化与强化物

正强化指行为之后立即出现的一个刺激，导致这一行为在将来发生的可能性增加。从定义来看正强化可能会强化好的行为，也可能会强化不好的行为，因而需要家长格外注意。在儿童的训练中，要增加儿童好的行为，就需要在儿童出现一个正确反应（正确行为）后，才给予正性刺激——奖励（以下主要为使用正强化增加儿童好的行为的叙述）。

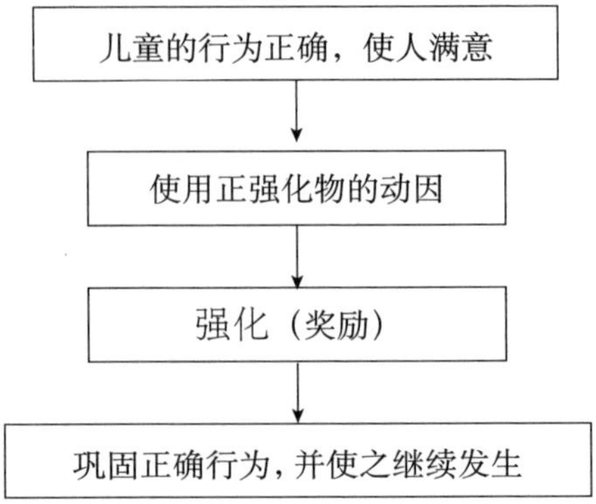

这里的强化物就是强化儿童正确行为的奖励物，奖励物一般可分为以下两大类（见下表）。

正强化物的类型

初级强化物（非社会性强化物）物质奖励	次级强化物（社会性强化物）精神奖励
食品　玩具	表扬（说“真棒”“对了”“干得好”“真乖”）
水/饮料　礼物	微笑　眼神　手势
依恋物/活动　听音乐	抚摩　关注　碰头
游戏　看光盘	拥抱　握手
休息　外出	鼓掌　击掌

初级强化物是指满足人基本生理需要的物品与活动，次级强化物是令人精神愉快的一种刺激。如果初级强化物与次级强化物恰当地配合使用，最终，精神的奖励将成为最主要的正强化物。

强化物的使用

强化物的使用要注意以下几点：

（1）儿童喜欢的东西才有可能成为强化物。因此，强化物的选择一定要以儿童的喜好为标准（儿童喜好的物品也称偏好物），并且要选择多个具有强化效果的偏好物轮替使用。通常，食品对孩子最有吸引力。但有的孤独症儿童对什么食品都不感兴趣，也许他对一件依恋物（布片、书）更有兴趣，或者音乐更能吸引他；一个不喜欢别人大声说话的孩子，也许拍拍他的手更能使他接受，或许让他休息一下更好。因此，在选择正强化物时一定要因人而异，因时而变。

（2）如果用食品作为正强化物，则一定要选用很快就能消耗掉的食品，如米饼、饼干、薯片、山楂片。但一定不要给孩子整块的东西，而是把它们分成很小很小的一块（便于很快消耗掉，而又希望再得到它）。这些食品最好平时不让孩子吃，只作为正强化物来使用。孩子一旦对该食品厌烦了，在训练中再使用就失效了，父母就必须考虑再换一种强化物。

（3）初级强化物与次级强化物要配合使用。最容易使用的次级强化物就是表扬。在儿童每次得到食品或其他物品的同时，也得到训练者各种形式的大力表扬，使儿童感受得到表扬与得到食品一样美好。那么，最后我们不再使用食品这一类初级强化物而用表扬就够了。

大力表扬的方式举例

▲ 面露微笑，眼睛看着孩子，大声说："你真棒！"

▲ 面露微笑，轻抚孩子的手，或拍一下脸颊，柔声说："你真乖！"

▲ 面露微笑，轻轻拥抱孩子，并轻拍背部，动情地说："你表现得真好！"

▲ 面露微笑，鼓掌欢呼说："成功了！"

▲ 面露微笑，以欢快的语调说："对了，击一下掌！"

但是如果发现表扬有时不起作用了，则要考虑再次使用初级强化物。同时要检查次级强化物是否过于单调，待调整以后再逐渐撤去初级强化物。

强化的方式

建立新行为，教新知识，一定要用连续强化，重复性、巩固性的练习应采用随机强化。

强化物是否能持续有效，除了与强化物的选择与使用有关，还与强化的方式有关。强化的方式可归纳为以下几种（见下表）。

强化的方式

连续强化	每出现一次正确反应就奖励
固定强化	在×次正确反应后或×分钟后奖励
随机强化	不固定正确反应的次数及时间，随机奖励

在学习新课题，建立新的行为时，要使用连续强化，即每次正确反应之后，儿童都会及时得到食品和表扬，而且要连续使用，以此来巩固新行为的建立。以后再逐步使用固定强化，延长鼓励的间隔时间，减少鼓励的频率。已经学会的行为在强化时则应使用随机强化。随机强化的使用对于培养儿童的积极学习动机有重要作用。因为孩子在完成任务时，不知道什么时候才会得到奖励，但对奖励却充满了期待。通过训练儿童最终会建立起“不管什么时候，做对了就能得到奖励”的概念。这个概念的建立会强化他更积极学习的行为。最后，特别要注意的一点是，当孩子做得不对或者没有反应时，需要给出明确的提示“做得不对”。比如，把头稍稍扭到一边说“不对”；或者一边阻止孩子的错误行为，一边用中性的语气说“做错了”。

这样做，是为了使儿童能够辨别出做对和做错的结果有很大的不同，从而使他能更期待愉快刺激（奖励），避免厌恶刺激（惩罚），增强学习的积极性。

九、使用行为矫正技术的注意事项

使用行为矫正技术来进行行为矫正与训练，一般的规律是：增强与塑造良好行为时，可应用正强化、塑造、链锁等方法；消除或矫正不适当行为时，可选用消退、惩罚等方法；改变情绪等特殊的问题可应用厌恶疗法及系统脱敏法。要慎用、少用惩罚及厌恶疗法。在实施各种行为矫正技术中还要注意以下几个问题：

综合运用多种行为矫正技术

在行为改变的练习中，往往需要综合运用多种行为矫正技术，例如，在教会儿童自己叠被子的训练中，就要运用提示、正强化、链锁、渐隐、泛化等技术来更有效地帮助儿童。

慎重选用训练方法

选用行为矫正方法要以具有最大效果及最小伤害为准则，以奖励等正强化法为主要策略，控制使用施加厌恶刺激的惩罚法。

防止滥用

谨慎使用行为矫正的目的在于巩固良好行为，改变那些不正常、不适宜的行为。而适宜行为与不适宜行为总是相对而言的，所以在实施行为矫正前，应仔细分析哪些行为属于儿童这个年龄段的一般性问题，哪些是过度、不恰当的行为，切不可将一般问题作为特殊问题滥用行为矫正法。

技术人员要恰当使用

施行行为矫正的技术人员必须经过严格的学习和训练，较好地掌握各种行为矫正方法的实施技巧及了解使用各种方法的利弊，这是防止滥用、避免误用行为矫正技术的保障。

十、应用行为分析法与回合式教学法

应用行为分析法（ABA）是根据行为理论发展演变出的一套完整的行为训练方法。对行为矫正的一系列技术作了完善的诠释。它的核心是回合式教学法（DTT）。

关于应用行为分析法

应用行为分析法，也称行为训练。它是20世纪60年代由洛瓦斯等人根据行为理论发展演变出的一套较为完整的行为训练技术和操作系统。洛瓦斯和他的同事曾报告了 19个孤独症儿童经过强化行为训练，有近一半儿童的智商比原来有提高，并能在普通学校上学。报告发表时，那些孩子已经成长为青少年，并且已经看不出他们以往有什么病。虽然参加洛瓦斯研究项目的孤独症儿童的程度都不重，但是研究报告发表时，高功能的孤独症儿童也普遍被认为是不能治的。目前，应用行为分析法在全世界具有广泛影响。它非常完善地诠释并运用了正强化、惩罚、消退、链锁、提示、渐隐、泛化等行为矫正技术，在操作上形成了一套系统的程序。

关于应用行为分析法与回合式教学法

回合式教学法，又称分解式操作教学法。训练中，把每个孩子的训练课题（任务）分解成最小，把最简单的元素呈现给孩子，一个步骤一个步骤地教。每个步骤都通过一定的辅助，反复几个回合，循序渐进，逐步完成。例如，完成穿袜的课题可分解成如下几个小步骤：

▲ 第一步：拉开袜口；

▲ 第二步：双手拉开袜口，脚伸进去；

▲ 第三步：双手把袜子拉过脚跟；

▲ 第四步：双手拉着袜口，往上提。

回合式教学法的每个回合都由5个要素组成（见下图）。运用这个方法训练孤独症儿童，必须了解和正确运用这5个要素。

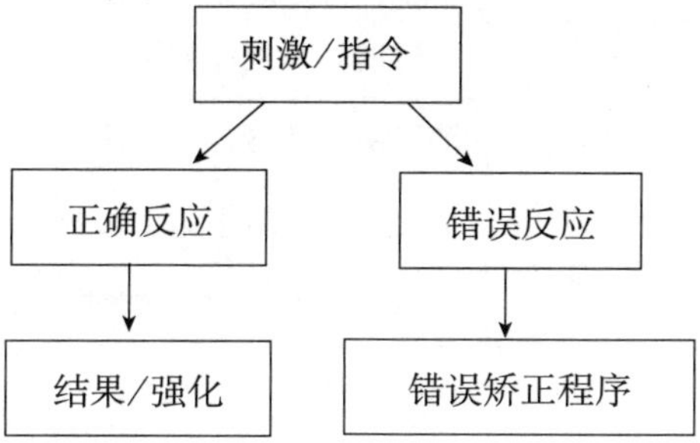

一个回合的步骤

回合式教学法的具体操作过程如下：

▲ 吸引孩子的注意力，使孩子能以愉快的心情进入学习。

▲ 由老师或家长发出口头指令（诱发一个反应的刺激）。指令要简单和准确，如“拿红色”“拍手”“坐下”。

▲ 观察孩子做出的反应（回答或是其他反应）。老师和家长应在发出指令之前就定下正确反应的标准。

▲ 对孩子的反应做出反馈，即孩子做了之后的结果。结果的意义就是告诉孩子，他做得对还是不对。如果他反应正确，结果应是强化（奖励），面带微笑，大声赞扬他：“真棒！”“对了。”如果他反应不正确，则不予强化，给予否定，态度严肃地说“不”或“不对”。稍停顿之后，开始下一个回合。

▲ 不管反应正确还是错误，每两个回合之间要稍微休息几秒钟。这样可以为下一个回合做准备。

在回合式操作训练中，儿童做出的正确反应（做对了或答对了）得到的结果就是强化（奖励）。儿童做出的不正确反应，得到的“结果”形式比较多，即对他行为的反馈形式不一样（见下表）。

行为—反馈对应表

儿童的行为——反应	老师的反馈——结果
没有反应，也无不良行为	等5秒钟（暂停），然后，再开始下一回合，“结果”是没有强化。下一回合给予辅助
错误反应（因是新课题，畏难）	告诉他“不对”，并要求再试一次。下一回合给予辅助，帮他理解指令要求
错误反应（故意行为）	消退法：几秒钟不理他
不适当反应（站起，刻板行为）	马上制止，结束这个回合
不适当反应（哭闹）	消退法：不理他。哭闹减弱，立刻开始下一回合

十一、应用行为分析法训练中指令的运用

训练孩子听懂指令，这是人际交往的最基础的技能。指令一定要及时、简单、准确，使孩子明白你的要求是什么。

指令是应用行为分析法训练中回合式教学法5个要素（刺激/指令、辅助、反应、结果/强化、停顿）中的第一要素。

指令的概念

指令是主体诱发客体做出反应的刺激。通俗地讲，就是要求对方做什么事所说的话。孤独症儿童往往不会听别人的话，也听不懂别人的话。训练孩子听懂指令，理解他人的意图，并能做出相应的反应，建立起刺激—反应的行为

模式，使他们学会人际交往最基本的技巧，这正是听指令训练的意义所在。

在孤独症儿童没有获得相当的认知能力及语言能力之前，和他们自由地交谈简直就是一件不可能的事。因此我们每天面对他们说话，基本上就是在对他们发指令，如何发指令才能使他们能听懂，这是一个很关键的问题。

怎样发指令才有效

（1）简单、准确

开始训练时指令应特别简单。只有一个动词，或者一个动词加另外一个词。比如，“拿”“拍”“拿积木”“拍手”。下达指令要符合孩子的认知水平，只说出最核心的词语，简单准确地表达出指令的最主要含义，使孩子能明白你的要求是什么。比如，说“指眼睛”，而不要说“你的眼睛在哪儿”等。孩子的能力提高之后，指令要逐渐复杂起来，越来越接近生活中的自然语言。指令的准确性还在于老师、家长应清楚自己对孩子的要求是什么，如果想要求孩子数东西，指令应该是“数××”或是“数数”。

（2）及时

在特定的训练中要抓住孩子注意力集中的瞬间及时发出指令。如果孩子注意力分散要进行调整，发出“看着我”的指令，也可以把他喜欢的东西给他看，待孩子能注意看的时候，表扬他说“好”，然后立即发出完成预期课题的指令。只有孩子听到了，才有可能听懂。

（3）适时

在日常比较松散的各种活动中，如体育活动、游戏活动、家庭生活中，抓住机会适时地向孩子发出指令，并坚持要他做出反应。比如，和孩子做亲子游戏时，亲切自然地对孩子说“看着妈妈”或“碰碰头”，孩子做出了反应要亲吻他，表扬他“真听话”。在你带领孩子收拾玩具、学习用品或布置餐桌的时候，都应该适时地向孩子提要求（发指令），让他去完成他力所能及的事。尤其当孩子单独活动时，适时地给他提要求更有重要意义。比如，他正在骑三轮脚踏车经过你身边时，你下达一个指令 ：“看妈妈一眼。”或者指令：“击一下掌。”还可以根据具体情况，如车碰到小椅子，要求他“下车，把小椅子搬开”。这种随机训练可以给孩子建立两个概念：什么时候都应听人说话（听指令），并且要做出反应；在干自己事的时候，也应该注意听别人的话，并且要做出反应。这样的结果就会使孩子越来越听话，越来越懂事。

（4）前后一致

孤独症儿童对语言的理解存在极大困难，训练初始下指令时，前后使用一样的词语有助于孩子理解成人的要求。我们常常可以看到这样的现象：问孤独症儿童“你叫什么名字”，他理解了，会说“我叫×××”。如果改用“告诉我你的名字”，他很可能就不能做出反应。想要让儿童对这不同方式的发问（刺激/指令）都能反应同一行为（回答“我叫×××”），还需要我们运用泛化技术进行大量的练习。

发出指令一定要坚持让孩子做出反应，不能不了了之。不了了之的结果就是你说什么孩子都不理你。

提高有效性的其他相关因素

提高有效性的其他相关因素有如下几个：辅助、发指令的次数及无效指令的避免。

（1）辅助

辅助的恰当运用是帮助儿童理解指令并做出正确反应的重要因素，只有运用了辅助，才能引导孩子一步一步地学会听话，学会去做事。

（2）发指令的次数

指令发出的次数也会影响指令的有效性。一般在刚开始一个指令的训练时，可以只发一次指令，确定孩子做不到，稍停即转入下一个回合，再次发出指令并给予辅助，来帮助孩子理解指令。随着操作的进行，孩子对这种操作程序有所理解时，一般可以给孩子两次机会（发两次指令）来等待他的反应，然后根据孩子的反应给予相应的反馈，再进入下一个回合。

（3）无效指令的避免

在一个回合的操作中不宜一直重复指令，重复指令就是无效指令的代名词。指令下达后一定要坚持让孩子做出反应，如果课题很难，要采取降低难度的措施——运用辅助帮助儿童完成任务，决不能不了了之，使指令成为无效指令。无效指令带来的后果就是孩子下一次还不做出反应。

需要记住的要点

▲发指令一定要简单、准确，才能使孩子听得懂，明白你的要求是什么。

▲大量的日常生活中的随机发指令训练，会使孩子越来越听话。

▲发指令不能一直重复，重复就意味着前面指令的无效。

▲发出指令一定要坚持让孩子做出反应，否则就是无效指令，无效指令带来的后果就是孩子下一次还不理你。

十二、应用行为分析法训练中的辅助技巧

使用辅助可以使孩子走捷径，从成功开始进入学习。

辅助又称提示，是应用行为分析方法体系中的又一重要概念。行为矫正技术理论用刺激控制的捷径策略来表述辅助（提示）这一概念。在教孤独症儿童一个新的课题时，如果孩子不做或不会做（没有反应），就必须使用辅助，使孩子走捷径，来达到目的。掌握并学会使用辅助的技巧，也是训练者完成回合式教学法每一个回合的重要保证。

回合式教学法中辅助的操作显示

指令：拿积木 → 不听指令→给予辅助（帮忙拿积木）→反应正确→给予奖励（反应得到强化）

指令：拿积木 → 跟从指令→反应正确（拿积木）→给予奖励（反应得到强化）

辅助操作举例

训练者："××，拿积木。"

孩子：（没伸手拿）

训练者："不对！"

训练者："××，拿积木。"

孩子：（在训练者的帮助下拿起积木）

训练者："对了，真棒！"（给一小块米饼）

辅助的形式

（1）身体辅助

身体辅助是通过身体接触的方式帮助儿童完成正确反应。比如，通过辅助让儿童完成指认、配对、分类等课题；手把手帮助孩子完成一些大动作、精细动作；用手接触孩子的脸颊、唇、下颌来帮助孩子学会发音等。在控制孩子的不良行为（大发脾气、自伤、攻击他人）时，使用辅助（抱住孩子的整个身体，紧握他的双手）也十分必要。身体辅助可包括完全的身体辅助（手把手）和部分的身体辅助（接触手腕、手肘、手背等）。

身体辅助举例

完全身体辅助	部分身体辅助
训练者："拿红色"（卡片）	训练者："拿红色"
孩子：（没拿）	孩子：（没拿）
训练者：（握住孩子的手帮他拿）	训练者：（把孩子的手放在红色卡片上）
训练者："对了，真棒！"	孩子：（用手拿起红色卡片）
	训练者："对了,真棒！"

（2）示范

示范就是训练者把动作做给孩子看，把语音、词语说给孩子听，把操作的过程演示给孩子看，让孩子模仿学习。

（3）环境（位置）辅助

环境辅助就是把需要孩子注意的物品（刺激）放在显著、突出的位置上，以便孩子容易看到并做出正确的反应。

环境辅助举例

例1.指令：去喝水。

辅助：把水杯放在离孩子很近的桌子上。

例2.指令：拿正方形。

辅助一：桌上只放一个正方形图片。

辅助二：把正方形图片放在靠近孩子的一边，另一个圆形图片则放到离孩子远的一边。

（4）视觉辅助

视觉辅助对于孤独症儿童来说尤其重要，也是结构化教学法中的核心。视觉辅助是利用某些媒介引导孩子用眼去看学习目标，从而帮助他理解并在其他辅助形式的帮助下完成任务。视觉辅助也是结构化教学法（见本章第六节）中的重要组成部分。视觉辅助有以下三种：

▲第一种：手势辅助。用手指物品及物品所在的位置。比如，让孩子完成一块拼图，一开始孩子不知道每一个拼块应放在拼板的什么位置，就可以用手给他指一下拼块，再指一下拼板上的相应位置，这样，孩子就可以比较顺利地完成任务。以后再逐渐撤去辅助，让孩子自己去做。

▲第二种：符号辅助。比如，让孩子学习画直线，就可以画出“……”或者画出“…→……”。这样，孩子可以清楚画线的方向及终点。其实，生活中的各种标识就是一种符号辅助。应该帮助孤独症儿童去认识有用的标识。

▲第三种：实物、图片、文字辅助。

实物、文字、图片辅助举例

例1. 目标：完成三角形、正方形、圆形的分类。

辅助：3个完成筐正对孩子的一边，分别贴上1张三角形、正方形、圆形图卡。

（说明：如果有文字能力则分别在完成筐上贴上字就可以）

例2. 目标：剪3张2厘米宽的纸条。

辅助：摆上1个完成筐，3张纸条用曲别针别在筐上，剪刀放在孩子的右手一边。

例3. 目标：独立穿裤子。

辅助：用图片或相片把穿裤子的每一个步骤显示出来。

以上3个例子，利用了一些视觉媒介，帮助孩子了解要做什么，做多少，怎么一步一步地做。对于语言理解及表达能力较差的孩子特别有帮助。

（5）语言辅助

语言辅助是用说的方式给予提示，也可以就是一个指令，比如，“去拿鞋”。或者是对于一个事物的补充描述，更便于孩子的理解。比如，“去拿鞋”这个例子，也可以这样说：“去拿鞋，那双黑色的皮鞋。”这种辅助方式适合语言能力比较好的孩子。语言辅助的另一种情况就是在辅助水平较低的孤独症儿童说话时，给出全部或部分正确答案，来帮助孩子。需要提醒家长的是，大部分情况下我们都喜欢用语言提示孩子做事情，因为语言是最直接、最容易使用的，但语言的辅助往往是最不好撤销的，容易造成孩子的依赖。因此，建议尽量少用语言辅助方式。

使用辅助时的注意事项

及时给予辅助能避免孩子在错误中摸索；尽早撤去辅助并奖励不依赖“辅助”的行为，可使孩子早一点儿学习独立完成任务。

恰当地使用各种辅助技巧，不仅涉及以上列举的各种“辅助”形式的具体操作，还涉及操作时的一些原则及注意事项。使用“辅助”要注意以下几个问题：

及时给予辅助

及时给予辅助有两种情况：一种是学习新课题时，确信孩子不能对指令做出正确反应，则在说出指令后马上给予辅助。另一种是在通常的教学中，如果已给了孩子两次机会仍然没有做出反应，则第三次要在指令之后马上给予辅助。除此之外，对已经接触过的课题还可以试着用延时辅助，即发出指令之后等待一下，给孩子考虑的时间，然后再使用辅助。

尽早撤去辅助

当孩子学习新技能时，可能要给予程度较高的辅助（手把手）。但随着学习的进展，对孩子的辅助程度也要逐渐降低，直至最后撤去辅助，让孩子独立完成任务。否则，容易让孩子对辅助产生依赖心理。

逐步撤去辅助举例

课题：独立涂满一个圆形。

第一步：手把手辅助涂满

第二步：辅助手腕涂满

第三步：辅助手肘涂满

第四步：在手势辅助下涂满

第五步：在语言提示下涂满

第六步：听指令，自动涂满

要重奖不依赖辅助的行为

孩子在辅助之后完成任务的行为应该得到强化/奖励（表扬、微笑、拥抱或小食品），但是更要重奖那些不用辅助就能完成任务的行为。这样会使儿童受到鼓励而不再依赖辅助（因为没有辅助时会得到更大的鼓励），也会使他们逐渐明白，真正的“真棒”是那些不依赖辅助就能完成任务的行为。

十三、帮助没有口语的孤独症儿童发音说话

无口语孤独症儿童的语言相关能力训练是促进语言产生的先决条件。语言理解是语言表达的基础。要不断地跟孩子说，要一点点地教，多示范，多提示，帮孩子过难关。

没有口语的孤独症儿童包括以下两类：一类是语言发育迟缓，到2岁或更大一些也没有发出口语；另一类是曾经有过口语，但到一岁半左右逐渐出现语言障碍，甚至完全不会发音说话，这类儿童促进语言发展的任务比较重，难度也比较大。我们必须从头做起，帮助他们发音说话，促进他们语言的发展。

如何帮助他们发音说话，可以从以下几个方面去做。

进行语言相关能力训练

这些能力包括了6个方面的内容（见下表）。

语言相关能力训练的内容

语言相关能力	意　义
注视人与物	培养交流的最基本技能
听从简单指令	学习如何与人合作配合
动作模仿	通过动作模仿过渡到声音模仿
交流愿望	这是语言发展的最重要的要素
使用某些手势符号	借用手势表达是发展口语的准备和过渡
理解物品名称	为说出词语做准备

交流愿望的培养，主要是通过与孩子做游戏、一起玩玩具来激发孩子想请求他人帮助的动机。手势符号可以先教“要”（手伸出再收回），然后教“我”（用手拍前胸），再连起来组成“我要”。这是两个非常有用的手势符

号，很多儿童开始说话就是从“我要”或“我要××”开始的。

总之，语言相关能力的训练非常重要，这些能力都是语言发展的必要条件。这些条件准备越充分，引导儿童开口说话成功的可能性就越大。

进行发音训练

发音训练包括两种形式（见下表）。

发音训练的形式

发音训练种类	方法
主动发音训练	训练者示范如何呼吸（吹蜡烛、纸条、风车、气球、口哨、口琴、漱口）
	示范如何变化舌部及口部，示范发单音（i、u、ɑ……）
被动发音训练	训练者用双手帮助儿童变化口形；用压舌板帮助儿童张开口；用棒棒糖引导伸舌 在成人动作的辅助下发（ɑ、o、u）

有的孤独症儿童开始注意声音、对声音有兴趣，但模仿发音动作十分困难，这时就需要运用被动发音训练去帮助他们体会嘴、舌、唇的各种活动状况，帮助他们活动脸部肌肉，帮助他们体会呼与吸，从而促进他们早一天发音说话。

进行语言理解及语言表达训练

语言的发生、发展都要依赖一定的环境。最好的环境就是儿童每天可以接触到的自然环境。在自然环境中，给儿童丰富的语言刺激十分重要。要会说话必须先愿意听话，而且听得懂话。丰富的语言刺激给儿童提供了大量分辨、处理语言信息的实践，从而有助于他们理解各种事物的名称、活动的意义，促进他们跟着成人学习发音、学会说话。

（1）给儿童丰富语言刺激举例

例1. 对着儿童感兴趣的人物和事物说话，告诉他：“（这是）爷爷。”“（这是）妈妈。”“（这是）树。”“（这是）汽车。”……并用手指给他看。

例2. 对着成人及儿童正在进行的活动说：“（妈妈）洗衣。”“宝宝吃饭。”……要注意目光对视。

例3. 对着现实的情境说：“汽车来了。”“门开了。”“灯亮了。”……边说边用手指引孩子去看。

例4. 做动作给孩子看并跟他说话：“喝。”“要。”“跳。”……鼓励孩子照着做。

例5. 学动物的叫声：“小鸡，小鸡，叽叽叽。”“小鸭，小鸭，嘎嘎嘎。”“小猫，小猫，喵喵喵。”……边说边做动作鼓励儿童模仿，突出“叽叽叽”“嘎嘎嘎”“喵喵喵”的发音。

例6. 指五官并说：“牙。”“耳朵。”“鼻子。”……成人与儿童互动像做游戏一样很有趣，并引导孩子发音。

例7. 边和孩子做游戏边说：“拉大锯，扯大锯。姥姥家，唱大戏。小宝宝，也要去。不让去，就生气。”语气要夸张，多重复“拉大锯，扯大锯”。

例8. 说儿歌给孩子听：“我有小嘴巴，嘴巴会说话，说话声音大，宝宝笑哈哈。”让孩子坐在大人的腿上，放慢速度，风趣夸张地对着孩子说，突出“嘴巴”“说话”“笑哈哈”等音。

例9. 唱歌给孩子听：“世上只有妈妈好……”引导发“妈”音。

当儿童已经开始发音、说话，有了一定的发音经验后，仍然还会有很多的困难，他们需要经过一个较长时期的模仿阶段。这时大人不要总硬逼孩子说话，而是要给予大量的提示（辅助），帮助孩子把音发出来，把词说出来。

（2）语言提示举例

▲拼音提示：比如训练者念“m-a”，并出示妈妈的照片，儿童念出“妈（ma）”这个音节。

▲ 字头提示：提示单词或短语开头的第一个字，儿童接下去说，然后再完全重复，比如说“阿姨”，训练者只提示“阿”，等待儿童说出“姨”，然后再重复两三次“阿姨”。

▲ 嘴形提示：训练者只做出嘴形，发出很轻的声音或者不出声，等待儿童大声发出声音。

▲ 口头提示：即不给任何语音线索，只要求儿童“说话”。

值得注意的是，不管用什么方式提示，都应该把实物、图卡或字卡呈现给儿童看，帮他理解意义，使他“言之有物”。

十四、帮助孤独症儿童发展主动语言

重视与孩子的沟通，利用孩子愿意说话的各种动机，利用各种情境帮助鼓励他表达，用心创造各种情境，给他提供学语言、用语言的机会。记住，千万别给孩子提问，要直接用陈述句告诉他。

相当多的孤独症儿童开始发音说话以后，并不主动去表达，往往只在有需求时，才说出一个词或一个短语来，而大部分时间仍是缄默无语，或者只是一个被动的应答者。家长在孩子不主动表达的情况下，要主动问孩子：“你要什么？”“你要不要？”往往孩子就简单用一个词语“要”或“不要”来回答。

如何帮助孤独症儿童发展主动语言，一直是家长和专业人士特别关注的一个课题。从大量的教育训练实践中，我们可以看到一个事实：凡是家长很注意与孩子用言语沟通（不说话就不去满足孩子的任何要求），那么，孩子的话就能被慢慢地“逼”出来。

实际上，“逼”孩子说话的过程就是建立一种行为模式（见下表）的过程（说话才能获得需要的满足）。这样，为满足某种需要，会引发儿童用语言沟通的动机。但是值得注意的是，孤独症儿童恰恰缺乏多种需要，甚至有的孩子连食品的需要也不强烈。因此，家长要通过拓展孩子的兴趣，来培养孩子的各种需要（饮食、活动、游戏、参观游览、与成人的嬉戏、看书、听音乐、玩玩具），从而引发他为获得某种需要而去用言语表达的动机。

行为模式过程

对象	对孩子来说	对家长来说
过程	有需要 ↓ 要用言语来表达 ↓ 需要得到满足并得到表扬 ↓ ←以后继续发生 强化语言表达的行为	对孩子提要求（用言语表达） ↓ 孩子服从 ↓ 需要得到满足并得到表扬 ↓ ←以后继续发生 强化服从行为（用言语表达）

除了培养孩子说话的动机之外，设置情境、给孩子提表达要求也是促进孤独症儿童主动语言发展的重要策略。

情境设置举例

例1．不主动满足要求，等待孩子主动表达。比如，吃饭时不把孩子喜欢的食品放在他跟前；孩子喜欢的游戏做一次就停下来。（引导他表达："我要。""我还要。"）

例2．制造点儿小困难、小麻烦等，让孩子学习请求别人帮助。比如，把孩子喜欢的玩具和食品放在看得见、够不着的地方；喝水时不给一杯水，而是给未开盖的一瓶水；吃饭只给碗，而没有勺子或筷子。（引导他表达："帮帮我。""打不开。""我没有××。"）

例3．做孩子喜欢的事而又故意忽略他，诱导他提要求。比如，吃东西时不招呼他；吃饭时不摆他的碗筷；大家出门不叫他。（引导他说："我也要××。"）

例4．故意做违反常规的事，引导孩子提意见。比如，当着孩子的面，把脱下的鞋放在书架上。（引导他说：“错了。”“不对。”）

例5．做孩子不喜欢的事，帮助孩子学习选择。比如，给他吃他最不喜欢吃的东西；带他去他不愿意去的地方。（引导他表达说：“我不要……我要……”）

家长还可以根据孩子的语言水平设置出更多的语言交流情境，帮助孩子发展主动语言。

更需要注意的是，应当利用现实的情境，如家庭的一日生活情境；外出时观察到的自然情境：春天来了，草长出来了，树叶变绿了，花开了；还有多姿多彩的街景：车来了，车开走了，车开得慢，车开得飞快，人真多。无论是设置情境还是利用现实情境引发儿童的主动语言，都要特别注意不要对儿童提问。当儿童还不会准确表达时，成人要先做示范，把该说的短语或句子说出来，期待孩子来模仿。比如，在旷野里突然听到飞机的轰鸣声，你会叫孩子抬头去看，这时你马上说一句：“我看见飞机了！”“飞机飞过来了！”或者再简单一点儿：“飞机！”给孩子示范，期待他来模仿。而千万不要去问：“××，你看见什么了？”也不要说：“你说‘飞机来了’。”有时，给孩子部分提示，给他提开头一个字，让他把话说下去。在孩子已经会说某个词语，但他不愿说时，一方面要鼓励他，另一方面一定要坚持让他说出来，同时鼓励要及时跟上，要随时随地、就地取材帮助引导孩子去观察，去表达。

十五、帮助孤独症儿童改善注意力

注意力短暂、易分散，是孤独症儿童在学习中最突出的问题。注意力的形成和发展与神经系统的发育有关，也与后天的教育有关。因此，我们可以通过教育训练来改善孤独症儿童的注意力。

培养儿童关注周围世界的行为习惯

要想改变儿童“视而不见”“听而不闻”的行为习惯，我们就必须有强烈的教育意识。善于引导儿童去听、去看、去触摸周围的世界，而绝不能对他的行为“熟视无睹”。在日常的家庭生活中，你无论给他什么东西，首先要叫孩子看一看、摸一摸。你在日常生活的各环节中（起床、穿衣、洗脸、吃饭），要一边帮助孩子，一边要求孩子注意正在进行的活动，而不能让孩子像个小木头人一样任凭你伺候他。在外出的各种活动中，你要倾注爱和热情去诱导孩子，帮助孩子观察周围的人、物及发生的事情。他不懂，你可以讲给他听，并拉着他的手去指、去触摸。你可以带上他学习过的卡片，在大背景下去配对，去辨别他已经初步了解的事物，慢慢养成孩子关注周围世界的行为习惯。

利用无意注意去发展有意注意

孤独症儿童的无意注意（没有自觉目的的注意）好于有意注意（有自觉目的的注意）。比如，他会长时间地专注于某项活动（如看旋转的物体）或玩他自己的游戏，或者特别钟情一件依恋物，却很难让他有意识地去注意人或某件物品。在教学中，我们可以利用儿童喜欢的物品（包括食品），用条件交换的方式（如果服从，就可以得到喜爱的物品）去引导儿童注意学习目标。在他注意力集中的瞬间发出指令，使他马上注意学习目标（人、物、活动）。做出正确反应之后，立即给予奖励。上课开始，用他喜欢的物品去调整情绪。下课后，把那些物品作正强化物奖给他。对于理解力较好的孩子，则可以采取事先许诺的方式，告诉他，做好了事可以得到什么，去帮助他学会控制自己的注意力。

充分利用桌面活动

所有桌面的活动如穿珠、插片、涂色、辨别、配对、分类，都具有训练注意力的功能，只是要充分利用它们。在训练中，我们眼疾手快，看到孩子的注意力分散了（东张西望、懒洋洋地做），要马上调整。除了言语辅助（说“看着”以外），更大量的是需要身体辅助，如用手扶正他的头，或敲一下他的手背，还可以用手指敲一下桌子、指一下学习材料来提醒他。

设计训练注意力的活动、游戏

父母可以利用下列活动、游戏训练孩子：

▲ 追踪移动的物体，如气球、泡泡、滚动的球等。

▲ 寻找被藏起或被掩盖住的物品。

▲ 投球、套圈、打保龄球。

▲ 走迷宫。

▲ 让孩子找找什么东西不见了。

十六、目光对视训练

目光对视训练不仅要在一对一的课堂上训练，还要注意在集体活动中，更要在日常生活中随时练，避免孩子只形成一对一课堂目光对视的偏执反应模式。

建立目光接触是孤独症儿童注意力训练的第一步。这种训练通常叫作目光对视训练。目光对视（孩子的眼睛与训练者对视）训练须贯穿在每一个训练中和日常生活中。“看着我”和“呼叫反应”是目光对视训练的两部分内容。

“看着我”的训练开始时，要求孩子坐在椅子上，训练者坐在孩子对面，手持孩子喜欢的小食品或玩具（强化物），举到自己眼睛的前面，呼唤孩子的名字，并说：“看！”当孩子与你目光接触了1秒钟，立刻把强化物给孩子。“看着我”这一指令可以分解成看→看着→看着我三步来实施。在训练过程中，要逐渐延长孩子与你目光接触的时间。孩子已经能够对“看着我”做出正确反应时，就可以单独练习这一项目。让孩子看着你，你开始数数：“1、2、3……”鼓励孩子坚持更长时间，这个项目要经常练。要特别奖励那些不经提示的正确反应。在日常生活中，也应有意识地加以训练，不管干什么，都要有目光对视，以避免形成上课有目光对视，在日常生活中却又没有反应的不良行为模式。

“呼叫反应”就是叫孩子的名字时，孩子与你有目光对视或者要有回应。训练的方法与“看着我”的训练方法相类似。当儿童在桌面活动中，对呼叫他的名字能做出反应，与你有目光接触，并能答应“哎”，就可以考虑改在较远的距离和不同的场合对孩子进行训练。比如，在集体活动中，在孩子自己玩耍时叫他的名字，当孩子有正确反应时要给予奖励，如果需要辅助（提示）则及时给予辅助。特别要注意的一点是，当你在日常生活中呼叫孩子的名字就一定要有目的性，当他答应了“哎”之后，表扬一定要及时跟上，同时，必须让他去做一件事。否则，孩子以为你总是叫着他玩儿以后他慢慢就会不搭理你了。

十七、改善儿童感知觉异常

儿童动作的充分协调发展是感知觉发展的基础。除了用专门设计的课程来改善感知觉发展不足之外，感觉适应训练也是一个重要的策略。

感觉的“偏好”和感觉的“厌恶”是孤独症儿童感知觉发展方面的主要

问题。他们对正常儿童喜欢注视的许多事物（人的笑脸、移动的物体）不理会，而可能对某些灯光或者闪亮的纸张表现出强烈的兴趣；在听觉方面，他们可能喜欢汽车刹车时的尖厉声音，而对人的说话声却没有一点儿兴趣；在触觉方面，他们可能喜欢有光滑感或有毛皮感的东西，却拒绝别人对他身体的接触。总之，他们的感知觉以偏离常态的各种方式出现。

运动训练可以改善孤独症儿童的感知觉异常

感知觉的发展有赖于儿童动作（大动作、精细动作）的充分协调发展。大动作中的爬、走、跑、跳、投掷，及精细动作中的手腕、手指活动的多样性，扩大了儿童的听觉、视觉、动觉、触觉的感知范围，使儿童获得了多方位的丰富刺激。在动作训练过程中，父母要有很强的意识去引导孩子注意看人、看物、看各种学习材料，引导孩子注意听指令并做出正确反应，逐渐地使他由被动地感知刺激物到主动自觉地去注意刺激物。多项动作协同配合的动作训练非常重要。比如，拍球、双脚踩直线走、跳绳、骑三轮车、游泳、滑旱冰等活动。

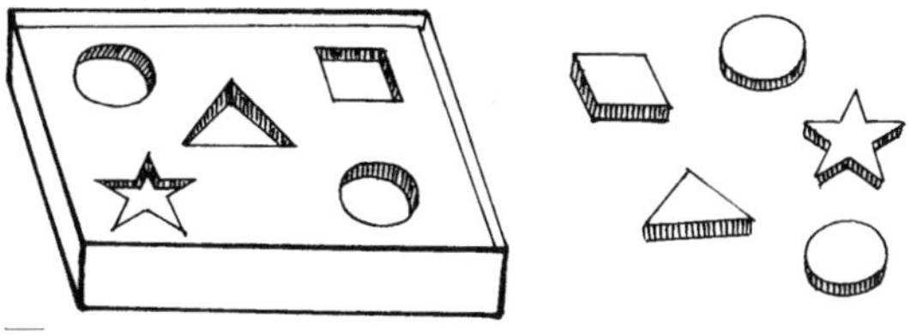

改善儿童感知觉异常，设计专门的课程

设计专门的课程，改善感知觉的发展不足

对于视觉注意变换太慢（长时间地凝视无关刺激物）的儿童，可以为他设计近距离、远距离地扫视熟悉物品，并一一取来放入指定地点的课程。对于视觉注意力不集中的孩子可以设计找物品（把物品藏起来或掩盖起来）、玩对不同大小及形状几何体进行配对（拼板活动）的游戏。

听觉训练的课程可有两部分：听觉辨别（理解声音的意义）训练及听觉记忆训练。听觉辨别训练的课程有：声音（动物叫声、交通工具声）及物体（动物及交通工具）的配对。听觉记忆训练的课程有：让孩子感知具有差异（数量的差异、轻重的差异）的声音（击掌和敲木桌面），让孩子听后模仿；重复数字（由少到多）、短语（这是针对语言能力较好的孩子）。

改善触觉异常的课程可选择多种质地的刺激物（如羽毛、海绵、刷子、水、沙子）来接触孩子的手、脚和腿以及身体其他部位，以游戏的方式进行，以此增加孩子对触觉的容纳。

有意识地进行感觉适应训练

对于孤独症儿童感到“厌恶”的听觉、视觉及触觉刺激，如果采取一种连续强刺激的方法，可能对改善感觉异常有帮助。这个过程也叫系统脱敏。

比如，孩子怕人声喧闹的环境，父母就经常带他去那种环境；孩子怕洗淋浴，父母就经常试着给他洗淋浴（哭也不要理他）；孩子不喜欢人的抚触，父母就经常去抚摸他的身体各部分。各种刺激的连续作用可使孩子各种感觉的感受性协调起来，从而逐渐适应各种刺激。当然在脱敏的过程中，一定要注意逐步增加孩子厌恶或害怕的那些刺激，不可过激过快地进行，且要加上强有力的强化物，否则会适得其反，引发孩子更多的行为问题。

十八、帮助多动孩子的策略

活动过度，指到处看，到处摸，到处翻，不停地动来动去，不停地问等。注意力涣散是一部分孤独症儿童的常见症状。从某种意义上来说，这种高度的活动性也是宝贵的活动源，可以加以利用。

运动可以帮助孩子稳定症状

有资料指出，让多动的孩子做运动，会使多动的行为得到控制，情绪也易于稳定。大量的教育训练实践也证明了这一点。其道理可能是，运动具有高度的活动性质，符合孩子特性；孩子在规划的时间段内，从事有意义的事是一种被人承认、受人夸奖的行为；感受成人的夸奖代替了过去的谴责与限制，促使孩子多动症状逐渐地稳定下来。总之，有事可做，孩子的情绪就易于稳定，孩子就有可以进步的机会。运动项目的选择可因人而异，有的孩子可能适合于跑步，有的孩子可能适合于打太极拳。采取成人与儿童共同参与的方式，会使儿童乐于接受安排。

动态的活动方式可以帮助孩子

利用多动孩子活动性高的特征，在教学活动中想办法安排具有动态活动的训练项目，使孩子像做游戏似的完成学习任务。比如，完成配对红、黄、蓝、黑4种颜色的课题，可以布置4张不同颜色的桌子，每张桌子之间有一定的距离，每张桌子上摆放一种颜色的卡片，让孩子一边移动，一边去完成配对。也可以是多张桌子上有多个不同的任务。完成了任务就能得到奖励，以此来提高孩子学习的兴趣，使其注意力能逐渐地集中到学习方面来。注意力的维持应根据孩子的情况而定，最好能有一点儿余量，即孩子只能维持两分钟，则在一分半钟就休息一次，以后再逐渐延长时间。

多安排动手的活动也可以帮助孩子

不管是在训练活动中还是在日常的家庭生活中，应多安排些动手的活动，少安排些坐着听或看的活动。比如，在日常的家庭生活中，为防止孩子无所事事地在房间里跑来跑去，可以培养、训练他对一些动手游戏项目的兴趣。比如，玩拼图、玩拆装类的玩具，或者帮助成人干些力所能及的家务活。

十九、帮助孩子培植依恋情感

依恋是儿童与抚养人（主要是母亲）之间一种充满深情的、积极的感情联结。安全的依恋有助于培养婴儿对自己、对父母、对同伴的信任感，积极的探索能力，为儿童的个性发展奠定良好的基础。孤独症儿童缺乏依恋情感，他们与抚养人没有深情的感情联结，缺乏正常的感情交流，他们也不快乐。这也是他们“孤独”的重要特征。有研究证明，只要改变生活环境，已被剥夺或缺失的依恋情感仍然能被培植起来，断了线的感情联结仍然会在母子之间重新联结起来。

要使儿童获得安全的依恋，母亲必须学会合理养育儿童的行为方式。我们不必去检查过去，但我们必须从现在开始去做。

对来自孩子的信息要敏感

对一个有严重认知障碍、语言沟通障碍的孤独症孩子来说，父母必须随时关心他正在做什么，对他发出的各种社会信息（语音、动作、哭、叫等）予以敏感的反应，绝不能漠然，更不能厌烦。比如，我们看见孩子在那里不停地扭动他的手，要立刻走过去说：“来，把手放在妈妈手里。”或者说：“走，我们去做游戏。”又比如，我们听见孩子在那里自言自语，绝不能充耳不闻，置之不理，要马上想办法弄明白孩子究竟对着什么情景在说些什么，力争与他沟通。如果实在弄不明白，也要马上对他的行为做出反应，对他说：“妈妈听到了，孩子，你在说什么呢？”总之，要用我们的敏感带给孩子被关注、有安全感的信息反馈。

做一个积极情绪的表达者

要培植孤独症儿童的依恋情感，我们必须做一个积极情绪的表达者，充满感情地与孩子接触。英国比较心理学家哈利·哈洛说：“身体接触的舒适比用食物对依恋的形成起着更重要的作用。”我们要尽量多拥抱孩子，并微笑着对他说：“妈妈爱你！”如果孩子拒绝拥抱，可以轻轻地抚摩他，在和他玩得高兴的时候，要不经意地去摸他一下。当他独自在那儿玩儿时，我们经过他的身边，要拍拍他的头表扬他：“好孩子！”我们还要随时警告自己不能对孩子发脾气，否则会让孩子更加没有安全感和信任感！

给孩子丰富的社会性刺激

给孩子丰富的社会性刺激，也是一件随时随地都要去做的事。我们要接近孩子（而不是远离他），做孩子喜欢的事，对他微笑，对他说话，模仿他的发音，给他挠痒痒，给他做鬼脸，唱歌给他听，和他做游戏……从精神上去更多地关注孩子，给他足够的社会性刺激，给孩子带来快乐，使孩子保持愉快的情绪。愉快的情绪则是整个身心健康发展的重要保证。要改变只是“养”孩子（给他吃喝，体贴地照顾他的生活）的行为模式。

那种社会性刺激极端缺乏（没有眼对眼的接触、亲吻、逗乐、游戏）和缺乏应答性的环境只会使儿童产生对人的冷漠或者造成“情感的饥饿”（贪求与人交往，以得到别人的注意和感情）。

如果孩子生活在一个有丰富的社会性刺激、有敏感的应答性的环境里，那么孩子涌现出来的需求、种种感情表示，会因及时的反馈而逐渐增强，母亲与孩子充满深情的感情联结也会由此而被培植出来。

二十、改变孤独症儿童偏食的行为

孤独症儿童严重偏食的情况比较普遍，有的孩子完全拒绝进食大部分的主要食物（比如，米饭、青菜、肉食、水果），只喜欢吃方便面、薯片、虾条等食品。这对孩子的健康十分有害。最传统也是最经典的处理方法就是：什么都不给吃，“饿着他”。这种办法对一些儿童是有作用的，但是对于那些内部感觉也有问题（不知饥饱）的孩子来说，却毫无作用。能够帮助这些孩子改变偏食行为的方法有以下两种：

一是逐渐地引入和增加孩子不喜爱吃的食物的分量。一开始只吃一小份（一小勺）就表扬他，然后再慢慢增加分量。

二是把儿童喜欢的食品作为正强化物，鼓励儿童去接受新的食物。只有吃掉了新食物，才可以吃他喜爱的食物。

改变孩子的偏食行为需要一个坚持过程，而且要循序渐进地让孩子接受新的食物。比如，拒绝吃主食只吃少量零食（薯条、虾条、方便面）的孩子，我们可以这样一步一步地来帮助他接纳米饭、蔬菜、肉食和水果。

第一步：将几粒米饭放在两片薯片之间（也可以用两根虾条夹几粒米饭），鼓励儿童吃下去，马上表扬他“乖”。

第二步：当儿童接纳以后，逐渐增加米饭的粒数，逐渐缩小薯片的大小，每吃下去一次都要表扬。

第三步：以后改为吃一勺米饭后才给一片薯片。训练者把薯片握在手中，告诉他吃完米饭才能得到。每吃完一勺米饭后要大力表扬。

第四步：逐渐增加米饭数量，减少薯片，直至最后吃完适量（半碗）的米饭，才给一片或数片薯片作为奖励，并且要称赞孩子。

帮助孩子进食蔬菜、肉食、水果也用同样的方法，只是开始时要把蔬菜、肉食、水果都切成小粒，再逐渐增大。

在实施上述策略时要注意以下几个问题：

▲ 不能同时让孩子接纳几种食物。

▲ 要逐渐改变食物的烹调方式（比如，煮鸡蛋、炒鸡蛋、蒸鸡蛋）。

▲ 逐渐让孩子同时吃米饭、蔬菜、肉食（一开始是分别用三个碗，逐渐把菜、肉和米饭放在一起）。

当然还可以用其他的办法来改善孩子的偏食行为。对一个偏食而不喜欢吃肉和蔬菜的孩子，做饺子和馄饨给他吃也不失为一种好的方法。帮助孩子改变偏食行为，最重要的是家长要转变认识，不要认为他有病就迁就他。同时在实施矫正策略时要坚持原则，不能妥协。

二十一、教孩子坐下来好好吃饭

孩子不能坐下来吃饭，吃一口又跑开，或者家长端着碗四处追着喂饭，这在普通孩子的教养中很常见，在教养孤独症孩子的过程中也是普遍存在的问题。有些家长认为把饭吃下去就行了，其他是次要的；有的家长也认为不坐下来好好吃饭是个问题，但就是不知道如何去教孩子；还有的家长也试着去要求孩子，但做了几次之后，却由于孩子的反抗而最终放弃，使孩子又恢复到老样子。

上述家长的几种态度给了我们一些启示：教孩子好好吃饭要从转变观念入手。首先，坐下来好好吃饭不仅与孩子的健康有重要关系，而且还是一种为他人接纳的良好社会行为，必须引起足够的重视。第二，坐下来好好吃饭一定要作为一个课题采取恰当的策略，一步一步地去教。第三，改变孩子不坐下好好吃饭的不良行为习惯需要坚持不懈的努力，要坚持原则，绝不向孩子妥协，最终才能取得预期的效果，帮助孩子逐步建立起良好规范的饮食习惯。在帮助孩子的过程中，要处理好以下几个问题：

零食与吃饭

无节制地吃零食会影响孩子的食欲，这也是孩子不好好吃饭的原因之一。所以，在训练期间尽量不为孩子准备零食，作为训练强化物的那些食品要管理起来，放在孩子拿不着的地方并且只在训练时使用，有时孩子会自己打开冰箱去找食物，那么在这个阶段，冰箱里就不要存放他喜欢的食品。

时间与吃饭

吃饭须有固定的时间。可以为孩子制订一份进餐的时间表（依照结构化教学的方法，不懂文字的用图画、图片来表示）。每次到吃饭时间，就领孩子去看时间表，并告诉他该吃早饭（午饭或晚饭）了。食物只有到了吃饭的时间才放在餐桌上，以引起他的关注。训练初期，最好把孩子吃饭的时间排在家人吃饭之前，这样可以排除一切干扰，以便控制他坐着吃饭。

地点与吃饭

固定的吃饭地点非常关键。刚开始训练时，甚至需要固定餐桌旁的某个位置靠墙角的一边（为防止他跑开），当孩子站起来要跑开的一瞬间，使用身体辅助，将他堵住。一旦服从，便立即表扬他乖。一定要坚持这样做，绝不可以再重演端着碗四处追着去喂饭的一幕。

坐着吃饭

训练孩子坐着吃饭要采取任务分解的策略，即把坐着吃一碗饭的大目标分解成若干步骤来实施。一开始只把一小份食物（有时可能只是一勺饭）放在碗里，要求孩子坐着吃下去。当他很乖地吃完后，让他看碗里没有饭了，并大力表扬他乖。然后可以让他离开桌子一会儿，但很快地就要求并辅助他重新回到座位上来，再鼓励他吃完碗里的第二份食物。以后则逐渐减少离开座位的次数，增加饭的分量，使他坐着吃饭的时间在不知不觉中自然而然地延长。为使孩子能很快地与成人配合，开始选择的食物最好是孩子比较喜欢的，以后再逐渐加入其他食物。如果在训练中孩子不配合，则立刻把食物拿走。这样使他明白，只有坐着吃才可以得到喜欢的食物。

二十二、运用链锁技术帮助孤独症儿童学习生活自理技能

训练生活自理的各项技能的程序比较复杂，但又非常具体，很适合运用链锁技术把教授的每个项目都分解成一个一个的小步骤来教。

链锁是行为改变技术中一个很重要的技巧，它将一系列复杂的行为看成一个行为链，然后细分出这个行为链中的各个环节，一步一步地教授，直至掌握一项完整技能。

生活自理是指在穿衣、洗漱、饮食、如厕等方面的自理。生活自理的训练内容非常多，但各项技能又很具体，容易把该教的项目分解成一个一个小步骤来教授。

穿衣训练举例

训练目标	能自己穿外套
步骤分解	1.把衣服放在桌子上，前面朝上
	2.先穿上外套左袖
	3.把外套拉到右肩上
	4.穿上外套右袖
	5.扣上纽扣

穿外套这个项目的5个步骤要分阶段一步一步地学习，每个步骤的学习都要视孩子的情况给予适当的辅助，然后逐渐减少辅助，最后让孩子独立完成这一连串的动作。练习可以从第一项开始（顺向链锁），也可以从最后一项开始（逆向链锁）。在教授孩子穿衣的技能之前，建立起“前”“后”“左”“右”的概念十分必要，以便孩子能听得懂你的指令。如果孩子在理解上有一定困难，则可以用图画表示出穿外套的过程。要注意每次穿衣的程序（放衣服→穿右/左袖）的一致，让孩子容易掌握。

生活自理训练中，让孩子自己上厕所大小便的训练比较复杂。例如，这一行为链可由以下部分构成（也可根据孩子的能力拆分得更细）：

有便意，将便感表现出来→进入厕所排泄→便后用手纸擦拭→穿好裤子→冲厕，洗手，出来

只有当孩子能顺利地完成每个环节中的一个个小步骤，才算掌握了如厕的技能。

如厕训练举例

训练目标	能自己上厕所
步骤分解	1.脱裤子
	2.排泄
	3.用手纸清洁
	4.穿裤子
	5.冲厕所
	6.洗手
注意	每一个训练步骤开始都需要成人辅助，等这6个步骤一一学会了，成人则减轻“辅助”。程序如下：带着孩子进厕所，站在厕所门口看他自己上厕所→带孩子往厕所方向走一段→让他自己去上厕所

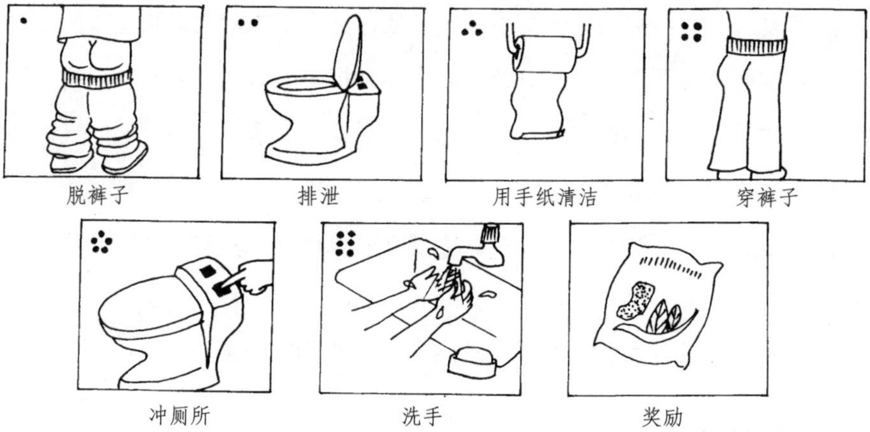

如厕程序

如果孩子不能有序地完成整个如厕过程，可利用图卡把过程表示出来（见上图）。

另外，有的孩子不能把便感表达出来，常发生尿床、尿裤子及随地大小便的行为。在训练这种孩子的时候，首要任务是训练孩子把便感（感觉到要大小便）表现出来，并要告诉给成人。具体做法如下：细心观察孩子大小便前的种种表现（打寒战、手摸裤子、咬牙、活动中突然站下发呆）→帮他说出“尿尿”或“拉大便”→立刻带他上厕所，并说“上厕所”（不要显出紧张，语气要平和，面带微笑）→帮他脱下或拉下裤子，辅助他处理一切→表扬他“上厕所尿尿，真棒”。如此反复练习。成功的关键是要细心观察，辅助到位，并持之以恒。

二十三、青春期的性教育问题

有不少孤独症儿童很小就有自慰行为，这种行为是他们在偶然的情境中获得，以后又慢慢地增强起来的。由于这种行为比较隐蔽，父母不能及时发现，待发现时，已经成为一种刻板、固执的行为。对年幼孤独症儿童的所谓性行为（其实应该叫作自我刺激行为，与不停地摇晃身体、不停地转手有同等性质），要作为不良行为进行矫正，因为这样对他们的身心有害。同时，有关性问题的教育也要尽早展开。比如，性别意识（识别男女、认识分别代表男性和女性的标志、分清男厕和女厕）；表达情感的正确方式；对身体的初步认识，包括了解哪些地方是不可以让外人看的等。

至于青春期的性教育应有更多的内容，这些内容包括：

认识自己的身体（男女分开）

运用挂图一一讲解，要求孩子能正确指出或说出（不包括内脏器官）人体的各个部分，并且知道隐私处是不可以暴露的，还应配以个别的指导。

月经的处理和手淫问题

月经的处理由女老师指导。内容包括：正确使用卫生巾（要进行实际的操作指导，并带女孩到洗澡间、厕所实际练习卫生巾的替换及丢弃）；了解月经周期，教她利用画日历的方法来记住自己的月经周期。手淫问题要由男女老师分别给男孩和女孩作指导。内容包括：了解什么叫手淫；这是非常隐私的事，不可以在室外、大庭广众前做；了解在何时、何处可以手淫；了解每天多运动、多做事可以分散精力，减少手淫次数。

个人卫生

除一般的卫生常识外，要特别强调生殖器的卫生，分别由男女老师来教。除教孩子每天沐浴及如厕之后的卫生常识之外，还要教孩子若发现有不正常出血及分泌物，要尽快告诉父母、老师及其他亲人。

社会交往

不但要教他们经常保持口腔、头发的卫生，还要教他们如何着装才适宜；教他们不可在室外、外人面前裸体，只有在浴室才可以裸体（幼儿期就可以教了），以及不可以只穿内衣出房间等。此外，哪些行为是被允许的（接吻、拥抱），哪些是不被允许的，以及把握的分寸，都要细心地教给他们。

如果孩子有交朋友的欲望，那么就可以教他必要的技巧。比如，如何找朋友，如何对朋友表示友好，如何与朋友建立友谊等。教学的每一个细节都要设计出来，让孩子在结构化的环境里一步一步地学习。如果孩子没有交友的愿望，喜欢独处，那么发展他的兴趣爱好、丰富他的休闲生活、让他有所事事，是家长们不可忽略的问题。

二十四、孤独症儿童问题行为的行为表现和功能

孤独症儿童有很多问题行为，有些问题行为是孤独症儿童所特有的，比如，人际交往障碍、沟通障碍及特异的兴趣与行为。而有的问题行为则并非孤独症儿童所特有。

原因与表现

导致儿童问题行为的因素很多。发育迟缓、孤独症症状、教育处理不当、身体不适及环境，都是我们在分析孤独症儿童的问题行为时应注意考虑的因素。

孤独症儿童的问题行为

问题行为	行为表现
不恰当的社会行为	为他人所不能接受，使人难堪的行为。比如，未经允许便动用、拿走他人的物品；靠近人，盯着人看；亲吻或舔、闻别人；重复问人同样的问题；随便触摸别人的身体等
自我刺激行为	身体的重复性、刻板性动作。比如，摇晃身体；在眼睛前面不停地转动手；玩唾沫；磨牙出声；玩手指；拍手等接触物品的奇特方式。重复地拍打物品；不停地开关门（电视机、灯）；舔某些东西；固执地闻某些物品等
自伤行为	直接对自己身体造成伤害的行为。比如，咬自己的手背、手腕；碰头；打自己的头或身体；用手指压眼睛；抓抠皮肤等
不服从行为	拒绝做要求做的事。比如，给他指令他就会发脾气；拖延执行指令；拒绝完成有能力完成的课业；随便离开座位等
破坏行为	对物品造成破坏或滋扰他人的行为。比如，抛掷物品；撕东西；摔东西；到处敲打物品等
攻击行为	对人构成危险或伤害的行为。比如，打人（咬人，踢人）；抓人头发；朝人吐口水；推人（抓人，捏人）
固执及刻板行为	固执及重复性的行为。比如，固执地拿着依恋物；坚持走固定路线或坐固定座位；反复把某些物品摆成特定模式；坚持按一定程序做事等
情绪问题	情绪不稳定。比如，喜怒无常；没有明显理由的哭泣；睡觉时间会惊叫哭泣；易紧张不安；易兴奋过度等

问题行为的功能

分析判断不同问题行为的功能，是矫正孤独症儿童问题行为的前提。

儿童的行为只是一种特别的传达某种信息的手段，每种行为的背后都有其意图（动机），或者说，每种行为都有它的极其复杂的功能。要想矫正孤独症儿童的问题行为，学会分析、判断不同行为的功能是十分必要的。行为最主要的功能有以下4种：

（1）获得物品或他人的关注

孤独症儿童也有各种需要和要求。比如，想获得玩具或食品，想进行某项活动，想别人来关注他，但他们又没有能力来表达这些需要，往往就会使用特定的手段——问题行为，向成人传达各种信息，来引起别人的注意。获得功能的行为常包括发脾气、自伤、攻击他人、破坏物品、自我刺激及怪异的话语。

（2）逃避/防止

为了逃避做一件他感觉困难或不愉快的事（比如学习），或者为了防止不愉快或困难的情境（比如去训练室）出现，孤独症儿童也常出现发脾气、自伤、攻击他人、破坏物品、故意做与指令完全相悖的行为。

（3）释放/舒缓

当孤独症儿童感到一种压力、缺乏安全感、引起紧张焦虑时，他们所表现出来的自我刺激、固执、刻板行为就是一种自我调节的手段。

（4）自我刺激（自我娱乐/自我满足）

孤独症儿童因为能力有限或父母没有教他有意义的玩法，行为无法发展，处在一种玩弄自己身体（手、手指、嘴、嘴唇、唾沫、生殖器）的原始水平状态。这种原始的自我刺激行为，通过不断的自我强化，成为他的一种自我娱乐、自我满足、获得快感的习惯方式。

除了以上4种原因之外，感知觉的异常也会引发孤独症儿童很多的偏执行为。比如，一拿到纸和笔就要不停地写字。这种不得不做、不能停止下来的行为是一种强迫观念的释放，也可以将其归类为释放/舒缓的功能。

二十五、ABC行为观察法

什么是ABC行为观察法？

A=前因，即问题行为出现前的情况（时间、地点、对象、行为发生的经过）。

B=行为，即具体的问题行为本身。

C=结果，即问题行为出现后的处理方式、效果（你做了什么？孩子做了什么？）。

通过ABC模式，可以找出问题行为与事前的有关刺激、行为结果之间的联系，判断出问题行为的可能意义，从而为确定问题行为的改变策略提供参考。我们以“在商场撒野，开始发脾气”的问题行为为例来做一分析。通常B是指孩子需要干预的那些行为。

小孩饿了（A：妈妈带小孩去商场时，已经接近上午12点，当时经过糖果柜台），小孩开始哭闹、发脾气（B），妈妈给孩子买糖果，小孩得到糖果不哭了（C）。那么妈妈做了什么呢？妈妈教授给了小孩的经验就是：“哭闹、发脾气就可以得到想要的糖果。”根据问题的事前有关刺激，可以判断出这里哭闹、发脾气的功能就是想要获得。

在ABC模式中，C是最重要的。上述例子中，如果妈妈对孩子的哭闹不予理睬（一个不愉快的后果），那么以哭闹来获得想要东西的行为就可能持续不下去，很可能是愉快的后果（哭闹后得到糖果）造成了问题行为的持续。

在进行ABC记录的过程中，需要注意的是，这不是一次性的观察，需要重复多次观察记录，才能更准确、客观地找出行为的功能，然后针对问题的行为功能进行有效的矫正。

二十六、孤独症儿童问题行为的矫正策略

处理孤独症儿童的问题行为的最基本的原则有两条：一是帮助、鼓励孩子增加为人接受的恰当行为；二是帮助孩子减少为他人所不接受的行为。当我们耐心细致、持之以恒地帮助孩子学会他所缺乏的技能与行为（比如，社交沟

通能力及多种娱乐的技能）之时，就是问题行为减少之日。面对孩子诸多的问题行为，除了要一个一个地处理之外，还应该做到“四不”“四要”：

▲ 不要只是惩罚问题行为，而是要多鼓励良好行为。

▲ 不要只是埋怨，而是要应用ABC模式认真分析，找出引起问题行为的原因及处理的策略。

▲ 不要只是阻止，而是要善于利用和转移。

▲ 不要只说“不许这样做”，而是要说“我来帮你这样做”。

问题行为矫正的策略有以下7种：

消退

对于以获得（物品、注意）和逃避/防止（做事、去某个环境）为目的的种种问题行为（比如发脾气等）采取消退法是首选。就是说对孩子的这些行为你要故意不理睬，而且要能坚持住原则并能持之以恒，同时对孩子好的表现要大力表扬。经过一个阶段，孩子的问题行为可以逐渐减少。

惩罚

有些问题行为必须立即消除，比如咬人、严重破坏东西、严重自伤等，这时采取一定的惩罚手段就显得很有必要。咬人和严重毁坏东西的行为发生后，除了严厉斥责“这样不对”之外，要立即把孩子送去隔离。对于严重自伤的行为要采取限制身体的措施，即立刻抱住他的身体，给撞头的孩子戴上头盔，给咬手腕的孩子套上腕套等，这对于自伤行为很有效果。

转移

对于一些具有自我娱乐/自我满足或释放/舒缓功能的自我刺激行为（如摇手、念念有词等，还有一些固执、重复行为），要找一个替代行为让他学习，让孩子把注意力转移到其他有意义的事物上。同时，要注意为其建立有效的社会行为，多教他做互动活动和游戏。比如，帮成人做事，一块儿玩拼图游戏或球类游戏。

阻断

阻断就是把行为的刺激源切断。比如，处理孩子摔东西、撕东西的行为，首先通过改变环境来减少不良行为，如把贵重的、易碎的东西放到儿童拿不到的地方；把能撕的东西（如报纸、书籍）收藏起来。又比如，孩子有揪头发的行为，则把头发盘起来。如果孩子有自慰行为就不让孩子有独自在床上的机会，睡觉时想法控制孩子的双手，不要让孩子俯卧睡觉。

引导儿童对建设性活动感兴趣，是解决孤独症儿童破坏行为、自我刺激行为的最佳办法。

厌恶治疗

有人说这是以毒攻毒法，就是指把不良行为与厌恶事物多次重复配对，以此来制约不良行为。处理孤独症儿童的一些自我刺激行为（如经常吮手指）和攻击性行为（如吐口水），可以考虑采用厌恶治疗。即当孩子吮手指时，就在他的手指上涂上有不良味道的（如辣味）油；当孩子向人吐口水时，就把已经浸过辣酱油汁的小手巾边缘放到孩子的嘴里，并在里面停一下。这些做法至少坚持一周，才能减少他们的不良行为。应该注意的是厌恶疗法是一种不得已而为之的策略，无法可施时才考虑这样做。

系统脱敏

系统脱敏就是指患者在安逸而放松的心境下去逐渐地接近所惧怕的事物，或是逐渐提高恐惧的有关刺激强度，使惧怕事物的敏感性降低，甚至完全消失。比如，处理孤独症儿童惧怕到人多的餐馆就餐的行为，就可以为他安排这样一个程序：

到餐馆就餐程序

步骤	情境体验
第一步	站在远处观察餐馆
第二步	在餐馆附近观察里面的情况
第三步	在餐馆门边观察
第四步	走进餐馆，观察他人就餐情况
第五步	坐到餐桌上
第六步	在餐馆就餐

对害怕剃头、害怕洗淋浴、害怕单独进房间等一类的问题行为，都可以设计出一个逐渐脱敏的程序帮助儿童，使他们不再害怕。

过度矫正

过度矫正是指在一段指定的短时间内，用一个正确行为反复练习去替代问题行为的方法。在处理孤独症儿童的一些故意破坏行为时，可以考虑使用这一方法。比如，儿童故意把学习材料推翻在地上，就立刻要求他把所有散落在地上的东西一一拾起来，然后再重新进入学习程序。

二十七、惩罚在行为矫正中的正确使用

惩罚就是当一种不良行为出现时，立刻给予厌恶刺激（惩罚物）或剥夺正在享受的正强化物（奖励物）。它的正确使用会使不良行为逐渐减少。在孤独症儿童行为矫正训练过程中，可以用的惩罚方法主要有身体限制、隔离和谴责。

惩罚是件很复杂的事情。对儿童行为的界定及惩罚方法的选择都十分重要。惩罚只能部分地减少或暂时抑制不良行为，惩罚本身有许多副作用和弊病，因此要慎用。在使用惩罚时要注意以下几点：

▲ 惩罚法必须在正强化无效果的前提下，不得已时才使用。

▲ 惩罚要及时准确。惩罚的实施必须及时，尤其对理解能力差的孤独症儿童，必须抓住当时的情境（如夺球时咬别人的手）及时给予适当的惩罚（谴责加身体限制）。所谓准确，就是要分清孤独症儿童哪些行为是一定要惩罚的，如打人、咬人、严重破坏行为、令人讨厌的行为；哪些只属于认知障碍引发的一般性不良行为，则不必过多责备，教给他怎么做就行了。

▲ 谴责的同时身体限制也要跟上。当儿童出现攻击他人或自伤、破坏财物的行为时，家长往往会谴责儿童，但同时还应该限制儿童的身体动作，单一的谴责将失去惩罚的作用。如，儿童狠狠抓了他人的头发，除了先说“放下手”之外，还要用力将他的手往下按（身体限制）。

▲ 选择好惩罚物。由于儿童对惩罚物的厌恶程度存在个体差异，所以对惩罚物的强度反应不一样。比如，对一个只要成人表情严肃大声斥责就不敢再继续去破坏玩具的儿童，就不必采取身体限制一类的惩罚手段。反过来，对被谴责根本不害怕的儿童，就必须采取谴责加厌恶刺激的手段才能制止他的不良行为。

▲ 惩罚应和替代行为的强化相结合。如果不得已使用了惩罚时，务必找出一种与不良行为相抵消的良好行为。如，一个爱在水泥地上打滚或撞头的孩子，家长或教师除了给予他必要的惩罚（身体限制）外，还要设法强化他坐在沙发或椅子上玩玩具、做游戏、听音乐的良好行为。

下面是几个惩罚误用的例子。

错误1：惩罚过度

牛牛强烈抵制做接抛球活动，老师狠狠地把球砸向牛牛的头部，牛牛大哭。

正确做法：可用暂时隔离法。

错误2：只谴责，身体限制未跟上

阿明抬手打人，妈妈便说："阿明不许打人。"

正确做法：妈妈谴责阿明之后还应采用别的身体限制、增加做厌恶活动等方法。比如抓住孩子的手并说："因为你打了人，罚你做10次起立和蹲下的动作。"然后边说边拉着他的手要他站起来，再按着他的肩膀要他蹲下去。同时喊"站起来""蹲下"。

错误3：惩罚过于轻微

宽宽喜欢玩电视机开关，刚开始时，妈妈只是轻微地责备，以后此行为又出现，妈妈皱眉表示出讨厌感，乃至行为再次发生。

正确做法：孩子的行为一出现，便严厉地说"放下手"，并抓住孩子的手，或者表情严肃并指着孩子说"不准开"，使惩罚一开始就达到一定的强度，这样才能限制孩子的不良行为。

二十八、活动中的隔离如何操作

隔离这种措施常有间接惩罚的作用，对阻止被矫正者不再出现类似不适当行为有相当的效果。要以不超过10个字、10秒钟的方式快速将孩子送进隔离室。

隔离是惩罚法中的一种方式，指当儿童表现出某种不良行为时，及时撤除其正在享用的正强化物，或把他们转移到正强化物较少的情境中去（意味着奖励、关注、好玩儿的活动的暂停）。例如，当儿童正在沙滩上做传球游戏时，其中一个儿童抓起一把沙子，向众人扬去。此时，老师即暂时停止该孩子参加这个活动，令他离开现场5分钟。此种方法称为停止强化活动。这种措施常有间接惩罚的作用，对阻止被矫正者不再出现类似不适当行为有相当的效果。

隔离的另一种策略是立即送进隔离室（一个单调乏味的地方）。每当儿童表现出不良行为时，立即让他离开现场，进入特设的隔离室。例如，儿童表现出攻击性行为时，立即将他带到隔离室关闭2～3分钟，只有当该儿童在隔离室能安静地待上15秒钟时，才放他出来。

那么，哪些不良行为应受到暂时隔离呢？下面列出18种行为做参考。

▲ 打人。

▲ 发脾气。

▲ 踢人。

▲ 咬人。

▲ 用口水吐别人。

▲ 拧人。

▲ 抓人。

▲ 抓人头发。

▲ 掐别人脖子。

▲ 生气地大嚷大叫。

▲ 抛掷、损坏玩具。

▲ 向别人扬沙土、石头。

▲ 做危险的事。

▲ 在楼梯上推人。

▲ 有意损坏家具或房屋。

▲ 在饭桌上扔食物。

▲ 不服从指令。

▲ 不能立刻终止错误行为。

当然，是否要对孩子采取隔离，还要根据孩子的具体情况、问题行为的严重程度及所确定的目标而定。

隔离与体罚一样，目的是为了设法减少不良行为，只是体罚是以施加厌恶刺激为手段，而隔离是以移走正强化物为手段，是一种温和的惩罚。

运用隔离策略要注意以下几个问题：

（1）尽快使孩子到达隔离室，可以减少孩子对隔离的抵抗。

（2）向孩子说明为什么要被隔离。比如，孩子打人后，立刻说："因为你打人，必须被隔离！"以不超过10个字、10秒钟的方式快速将孩子送进隔离室。

（3）隔离房间不要太大，室内不放任何东西，以使被隔离者无法获得任何强化物。

（4）儿童在隔离室待的时间，一般不要超过5分钟。

（5）隔离室必须设窗口（或单向玻璃），以便能观察儿童反应，以防意外事故发生。

（6）当孩子在隔离室安静下来，将其解除隔离时应适当予以强化。

另外，要特别注意应用隔离室实行隔离还有若干限制。如有自伤行为的儿童，不宜使之单独待在隔离室内，以免有危险发生；一些孤独症儿童也不宜采用此法，因为大多数孤独症儿童的特点之一恰恰是喜欢单独活动，隔离室对他来说，不是厌恶刺激，而是奖励。

第七章

孤独症儿童的感觉统合训练治疗

人类通过六感，即视、听、嗅、味、触、重力感来感受外界事物，大脑通过接收信息，过滤筛检，分析处理后再对信息进行反馈，从而完成与人沟通，以及进一步了解和认识外部世界。通过这样复杂的感觉运动学习的方式，人类认识了主客体关系，自身也得到发展。

人的大脑是通过感觉学习的方式达到感觉统合的。从生命的开始到结束，每一刻，我们都在通过各种感觉统合进行着日常的生活、工作与学习。

儿童感觉统合失调，主要包括：前庭觉统合失调、本体觉统合失调、触觉防御过度或迟钝、视觉和听觉统合失调。孤独症患儿往往存在以上多方面感觉统合失调。

一、感觉学习与感觉统合

人类通过六感，即视、听、嗅、味、触、重力感来感受外界事物，大脑通过接收信息，过滤筛检，分析处理后再对信息进行反馈，从而完成与人沟通，以及进一步了解和认识外部世界。通过这样复杂的感觉运动学习的方式，人类认识了主客体关系，自身也得到发展。

人的大脑是通过感觉学习的方式达到感觉统合的。从生命的开始到结束，每一刻，我们都在通过各种感觉统合进行着日常的生活、工作与学习。

人与生俱来就有感觉学习的能力。初生婴儿已经有听、视、嗅、味、触、运动等感觉，如闻到奶味就咂嘴，并转过头去，四肢挥舞，表示“味道不错”，这就是感觉学习。但这些感觉统合能力是低级的、原始的、不协调的，必须经过无数次丰富的感觉学习，才能使大脑感觉统合由不协调向协调发展。比如，宝宝由嗷嗷待哺到会自己用碗筷进餐，由躺着四肢无目的地乱伸到翻、滚、坐、爬、站、走、跳，由不会抓到会精雕细刻、挥笔写字绘画，由只会哇哇哭到精确使用语言，无一不与感觉统合的成熟和发展有关。

我们每个人都是从感觉学习起步的。人类的感觉系统只有高度协调、互相默契配合，身心才能健康。从生到死，生命中的每一刻，我们都在进行着感觉统合，因为我们的遗传基因中保持着这种能力。但如果孩子的感觉学习严重不足或扭曲，就会导致其大脑在接收信息、传导信息、整合信息，输出并指令机体运作等方面发生问题，影响孩子大脑的全面发展，继而导致一系列轻重不同的行为异常。这就是感觉统合失调。

儿童感觉统合失调，主要包括：前庭觉统合失调，本体觉统合失调，触觉防御过度或迟钝，视觉和听觉统合失调。孤独症患儿往往存在以上多方面感觉统合失调。

二、前庭感觉统合失调与儿童孤独症

前庭觉，人们了解最多的莫过于参与躯体平衡调节，但实际上它的功能却远大于此，比如帮助大脑对信息的获取、选择、筛查、整合等，并参与个体身心内外的活动。前庭平衡觉的发展水平与孩子的言语、认知、社交、专注、思维等发展水平密切相关。

任何一种感觉运动统合过程都是由感觉器官、脑干、大脑三级神经组成的。

前庭觉器官位于内耳中，是内耳器官之一，由椭圆囊、球囊和三个半规管组成。椭圆囊、球囊的作用是感受机体某种方向的直线变速运动和头部位置的改变。三个半规管的作用是感受任何层面上不同方向的旋转变速运动。因此前庭器官控制人的重力感和平衡感。人对重力的感受，判断身体与环境的关系，控制身体的平衡，方向感、距离感的正确掌握，以及翻、爬、坐、站、跑等行动都与前庭器官有重要关系。

前庭平衡觉与个体空间关系的发展关系密切，儿童拼音学习、生字认读、汉字书写、数字认读与书写、竖式对齐、进位退位、几何图表、数学拼图等都涉及个体的空间知觉的统合功能，所以个体前庭平衡觉的发展对个体学习能力的形成与获得极为重要。

存在前庭问题的儿童会出现前庭平衡功能失调，表现为：在学习和生活中常常观测距离不准，左右分辨不良，方向感不明；分辨不出相似的图形或物品，不会玩拼图游戏；协调能力差，动作笨拙，笨手笨脚，常打碎东西，经常磕磕碰碰、跌倒、撞人；空间定向困难，转圈就晕或久转不晕，不记路，常有晕或跌倒的感觉，怕上高处或跨越障碍，不喜欢被高举，怕搭乘电梯，不喜欢玩秋千等旋转游戏；表现得好动不安，注意力无法集中，上课不专心，爱做小动作，喜欢捉弄人，浮躁，爱发脾气；常因遭受挫折而丧失信心，影响情绪；常写错字、写反字，读反字，丢三落四。

这些孩子比一般儿童更容易给家长添麻烦，挑三拣四，很难与他人分享快乐，不会和他人分享玩具和食物，不能考虑别人的需要和感受，不会理解别人，不会交朋友。患儿常常伴有语言发育迟缓，说话晚，语言表达困难。孤独症患儿常无语言交往能力，不懂指令，也不会与人交往等。

三、本体感觉统合失调与儿童孤独症

肌肉、关节、韧带是本体感觉器官，其发展水平影响着孩子的行动计划、动作协调、社交和言语能力。

肌肉和关节是本体感觉的感受器，本体感觉指的是肌肉的收缩与伸张、变曲、伸直、推拉、旋转以及两根骨骼间的关节的压缩所引起的感觉信息。本体感觉主要发生在运动时，但也发生于站立或坐立时。因为肌肉与关节不断地把信息传到大脑，告诉我们姿势如何，所以，本体感觉告诉我们如何行动。如果缺少本体感觉，身体的动作就会迟缓、笨拙。例如，本体感正常的人不用眼睛看便能上楼梯，不用眼睛看就能从口袋里拿东西，而本体感不良的孩子不用眼睛看，做事情就很困难。

本体感觉的发展是以前庭平衡觉和触觉的发展为基础的。本体感觉出现问题，会让儿童在体育活动中动作不协调（不会跳绳、拍球等）；动作记忆差，学技术困难；音乐活动中发音不准（走调、五音不全等）；站无站相、坐无坐相，看书托腮，发胖（虚胖），行为散漫；与人交谈、上课发言时会口吃；挫折感多，情绪波动，爱发脾气；没有创造力；特别怕黑，在暗处经常不知所措而哭闹；经常迷路或迷失方向；不会自己穿衣服、扣扣子、系鞋带、拿筷子、写字或绘画，或者虽然会做这些，但比同年龄的儿童慢很多。孤独症患儿往往不仅存在前庭机能不良，同时存在本体感觉失调。

四、触觉防御过度或迟钝与儿童孤独症

皮肤是很复杂、细腻的感觉学习器官，皮肤触觉防御性反射过度或迟钝，将影响孩子的社会性交往、专注、自信等能力，表现为胆小退缩、分心、孤僻。而孤独症患儿常常存在触觉反射异常。

触觉防御过度或触觉防御迟钝都属于触觉统合失调。

触觉在人类行为中扮演着很重要的角色。触觉系统是最大的感觉系统。皮肤有多种不同的感受器，接受触摸、压、冷或热、疼痛以及皮肤上汗毛的拂动等感觉。触觉系统是胎儿在子宫中最先发展的感觉系统，当视觉和听觉系统刚开始发展的时候，触觉系统已能有效地发挥功能了。触觉对整个神经组织的发展起着非常重要的作用。

触觉统合失调，主要是因为触觉神经和外界环境协调不佳，从而影响大脑对外界的认知和应变，即所谓触觉敏感（防御过度）或迟钝（防御过弱），所以表现出对外界的新刺激适应性弱，喜欢固定于熟悉的环境和动作中，喜欢保持原样和有重复语言、重复动作，对任何新的学习都会加以排斥，不喜欢他人触摸，人际关系冷漠，常陷于孤独之中。

触觉敏感的儿童表现为怕人、远离别人，害怕拥挤，不喜欢被人触摸或抚摩，胆小，害羞，缺乏自信；害怕新环境、新东西；怕粗质地的衣服，怕标签，不喜欢碰触某些粗糙的衣料或物品；怕风吹，大热天也要穿长袖衣服；常拒绝理发、洗头或洗脸；挑食、偏食，用指尖拿东西；个人空间太大，对不经意的碰撞会发怒、厌烦；人际关系紧张，眼神飘忽不定；注意力不集中。很难专心，大脑动荡不安。这种儿童的个性孤僻、不合群，在团体中很难交到朋友，容易与人发生冲突，攻击性强，经常欺负别人，抓、打同伴。

触觉迟钝的儿童反应慢（拖拉行为的生理基础），动作不灵活，笨手笨脚，大脑的分辨能力弱；缺少自我意识，学习积极性低下，所以易出现学习困

难、人情冷漠的问题。他们常表现为黏人，喜欢搂抱，需要父母特别多的抚摩；细微分辨能力差；发音不清楚；缺乏安全意识；意外碰伤或流血时，自己经常不能察觉；对打骂不在乎；过度喜欢碰触各种东西，有强迫性的行为（一再地重复某个动作）。孤独症患儿多数都存在触觉机能障碍。

五、视觉统合失调与儿童孤独症

从学习知识的角度来说，视觉的重要性大大超过其他知觉。眼睛的视网膜是对光非常敏感的视觉接收器。视网膜把光、形、色刺激的信息传送到脑干中的视觉处理中心。视觉处理中心处理这些信息，并使它们与其他的感觉信息相关联，尤其是肌肉、关节和前庭系统所传来的感觉输入，这样便形成了我们对环境的基本认识。然后，信息经脑干核传送到其他部位。小脑和大脑的不同区域，进行更高级的视觉与动作的协调和视觉的理解。

视觉统合失调的儿童表现为视觉辨认能力低，图形记忆困难、认字困难、阅读困难、书写困难，因此在学习时会出现阅读困难（漏字串行、翻错页码），计算屡屡出错（抄错题目、忘记进退位）；写字时常常过重或过轻，写出的字大小不一或出圈出格，常把数或字颠倒写（例如把9写成6，把79写成97，把“朋友”写成“友朋”），出现视觉统合功能上的错误，从而造成学习障碍。由于视觉统合问题是在前庭和本体感觉基层上引发的，所以这类儿童在生活上还常常有丢三落四、生活无规律等前庭和本体感觉失调的表现。孤独症儿童在视觉辨认、记忆等方面更是困难和独特。

六、听觉统合失调与儿童孤独症

孤独症患儿由于听觉统合功能不良，常常听而不闻。但对某些声音又过分敏感，甚至掩耳尖叫。

耳蜗是听觉感受器。空气中的声波刺激了内耳的接收器（即耳蜗），信息被传到脑干听觉中心，听觉处理中心处理这些信息，并使它们与其他的感觉信息相关联（建立暂时神经联系），尤其是肌肉、关节和前庭系统所传来的感觉输入。有些信息也会传到脑干的其他部分和小脑，以便与其他感觉和运动信息相协调。听觉信息与其他感觉信息混合后继续传入到大脑的几个部分。

有听觉问题的儿童表现为听觉辨别能力低，听觉理解、听觉记忆不佳，表达困难，音乐感差，有重听或语音分辨不清的现象；语言发育发展缓慢，两三岁以后才会说话，有口吃或口齿不清的现象；作文差；上课注意力不集中、多动，对别人的话充耳不闻。同时，这样的儿童记忆力差，丢三落四，经常忘记老师说的话和留的作业。听觉问题对儿童的学习和生活都会产生不良的影响。孤独症患儿常常听而不闻，或对某些声音过分敏感。

七、对刺激的异常反应提示存在感觉统合失调

发现孩子对刺激表现出种种异常反应，提示孩子存在问题，应当及早看医生，及时采取补救措施，等待观望有可能失去治疗的机会。

父母在日常生活中，也许常常会发现孩子存在以下的情况：

言语系统发育滞后

患儿大多数会说话，但用词很少，喜欢用固定的几个词，犹如鹦鹉学舌似的，能够发音，但缺乏抑扬顿挫之感，言语活动往往无社交意义。对环境信息刺激有时无反应，有时又过分敏感，甚至出现自伤或攻击他人行为，说明言语系统存在发育滞后。

轻微触觉刺激反应

对着患儿的后头颈部轻轻吹气，如果孩子反应强烈，出现不愉快，甚至烦躁，说明孩子存在触觉防御性反应过度；如果仅有一般反应，如回头看看，说明反应正常；如果第一次吹无反应，第二次吹也无反应，说明存在触觉防御迟钝。

触压觉刺激反应

用枕头压身，如果孩子对触压反应强烈，如厌烦、全身僵硬，说明存在触压觉防御过度；如果特别喜欢强烈的压身，如亲人对身体的使劲儿搂抱、用力揉搓，甚至重重地拍打、挤压，表示触压觉反应迟钝；如果只要求轻轻地压，表示触压觉反应正常。

触觉防御反应

孩子对他人或同伴的碰触，包括搂抱、牵手反应强烈，拒绝或者厌烦，说明触觉防御反应过度。

振动觉防御反应

用按摩器振动孩子的脸部或肌肤，或让孩子睡在按摩椅或按摩床上看孩子的反应。如果孩子喜欢，依赖强烈振动的刺激，说明存在振动觉反应迟钝；

如果特别厌烦或惧怕，则为对振动觉反应过度；不特别喜欢，但可以接受者，属正常反应。

疼痛觉反应

通常孩子都不喜欢疼痛经历，但对小的疼痛比较能忍受。如果对一点点轻微疼痛就表现出强烈反应，甚至痛哭流涕，属疼痛觉反应过强；如果对疼痛毫无感觉，属疼痛觉反应迟钝。

固有感觉反应

关节、肌腱属固有感觉器官，主管静态平衡。如果孩子对登高游戏过分恐惧，对闭着眼睛单腿站立、伸屈肢体等感到十分困难，表示存在固有感觉反应异常，即本体感觉统合失调。

运动觉反应

如果对旋转性游戏、升降或直线加速性运动反应强烈，表示存在运动觉反应过分敏感；如果特别喜欢旋转性、升降性、直线加速性运动，提示存在运动反应迟钝；对以上活动一般性喜欢，反应适度，属正常反应。

视觉和听觉反应

孩子对周围发生的事情，要么视而不见、听而不闻，要么反应特别强烈。有时对正常看到的东西，比如毛绒玩具，都可使其惊恐地哭闹；害怕强光，但对电视的广告或电视台标却着迷到令人吃惊的程度；常常对即使很响的声音或呼唤毫无反应，而对某些即使很轻微的声音，却会厌烦地掩耳尖叫。这说明孩子存在着视听觉发育方面的异常。

如果父母发现孩子存在以上某些现象，应当立即对孩子的行为问题予以重视，及时看专业医生（如儿童心理卫生专业的大夫），并及早进行针对性的教育训练和治疗，切不可拖延。

八、感觉统合的家庭测评

迄今，孤独症是知之甚少的脑功能障碍性疾病。这些儿童对环境信息的感知和处理十分奇特和古怪。

美国南加州大学，感觉统合运动治疗大师珍·爱尔丝博士、日本感觉统合治疗专家坂本龙生教授以及国内同行的研究都提示孤独症儿童存在着感觉统合障碍，而且很少是单纯某一方面的异常，常常不仅存在着触觉防御过度或迟钝，同时也存在着前庭感觉和本体感觉以及由此产生的视听协调等方面的问题。

如果父母居住在边远地区，就医不便，该怎么知道孩子可能存在哪一方面的感觉统合障碍呢?

这里是一份家庭自测表格，请您仔细阅读。如果有些方面不清楚，可以和亲自抚养孩子的人以及老师沟通一下，然后，再根据表格中提供的项目对照检查，并根据其程度在“□”内画“✓”，根据自测表格的测量结果，父母可以初步了解孩子在感觉统合技能方面的表现（不代表最终诊断结果，仅为进一步就医诊治做到心中有数）。

触觉刺激反应

（1）不喜欢玩沙、涂抹、玩泥浆、玩黏土 □不常□普通□经常

（2）不喜欢别人拥抱或触摸自己 □不常□普通□经常

（3）对某种感觉特别喜欢，如玩沙或毛巾擦拭，甚至显得固执

□不常□普通□经常

(4) 不喜欢或特别喜欢特殊质料的衣服 □不常□普通□经常

(5) 经常自己打自己，甚至有自伤现象 □不常□普通□经常

(6) 不喜欢洗脸、洗手、洗头发 □不常□普通□经常

(7) 不喜欢泥沙或黏土，很害怕脚沾到脏东西

□不常□普通□经常

(8) 运用手做事时，常过度优柔寡断 □不常□普通□经常

(9) 不喜欢穿鞋子，特别喜欢打赤脚 □不常□普通□经常

(10) 对水特别敏感，即使衣服沾到水也会受不了

□不常□普通□经常

(11) 强烈偏食或挑食 □不常□普通□经常

前庭刺激反应

(1) 非常喜欢玩旋转性游戏 □不常□普通□经常

(2) 很喜欢被抱着转，尤其是旋转 □不常□普通□经常

(3) 自己也很喜欢玩旋转游戏 □不常□普通□经常

(4) 喜欢玩旋转的玩具，转动的车轮、唱盘 □不常□普通□经常

(5) 非常喜欢边走边跳，特别是两脚一起跳动 □不常□普通□经常

(6) 常拿着绳子、纸张摇动，甚至手会经常无意识地摇动

□不常□普通□经常

(7) 整个身体或头部经常做无意识的摇动 □不常□普通□经常

(8) 倒过来背向行走，一点儿不害怕，也不讨厌 □不常□普通□经常

(9) 常不在乎地爬到高处或很不稳定的高台上 □不常□普通□经常

(10) 手和脚喜欢用力地挥动 □不常□普通□经常

(11) 特别喜欢玩汽车或火车玩具，只要是车，便会着迷

□不常□普通□经常

听觉刺激反应

（1）睡觉时经常会发出声音或无故哭泣 □不常□普通□经常

（2）目不转睛地盯着会发声的电视或录音机 □不常□普通□经常

（3）只要听到音乐，身体便会随着舞动起来 □不常□普通□经常

（4）对尖锐或高声调刺激不厌烦 □不常□普通□经常

（5）有时候对很小的声音也非常敏感，惊恐掩耳 □不常□普通□经常

（6）在房内对室外远处传来的声音非常敏感，并很讨厌杂音

□不常□普通□经常

（7）游玩的时候，经常会因为某种声音而发呆 □不常□普通□经常

（8）对会出声的玩具不感兴趣或厌烦 □不常□普通□经常

（9）不在乎突然产生的巨大声音 □不常□普通□经常

（10）对某些特定的声音非常着迷 □不常□普通□经常

视觉刺激反应

（1）即使常常看到的东西，都会让他害怕 □不常□普通□经常

（2）经常对自己的手看得发呆 □不常□普通□经常

（3）不喜欢分辨模样或图形的游戏 □不常□普通□经常

（4）对特定的颜色、形状或文字常特别执着 □不常□普通□经常

（5）不喜欢强光 □不常□普通□经常

（6）喜欢霓虹灯或固定变化的光源 □不常□普通□经常

（7）经常喜欢斜眼看东西 □不常□普通□经常

（8）睡觉时非完全黑暗不可（有的则必须亮灯） □不常□普通□经常

（9）喜欢坐车，看窗外的风景，对窗外的景色、变化非常着迷

□不常□普通□经常

（10）经常瞪着眼注视电扇、换气扇的转动，着迷于车轮转动

□不常□普通□经常

九、前庭平衡失调的统合训练

前庭机能是在婴幼儿感知—运动中发育成熟起来的。前庭功能与孩子的运动计划、双侧大脑协调、空间知觉、思维推理、语言发展，以及听、说、读、写、计算能力都有关系。

由于孤独症儿童存在着广泛的脑功能发育性障碍，如前所述，不仅存在触觉方面的问题，同时也存在平衡感觉和本体感觉的失调，通过感知—运动强化训练，的确有助于脑功能的改善。在这里提供一些简单易行的、行之有效的前庭—本体感觉训练方法供家长参考，家长也可以在此基础上拓展创新。

滑板游戏

▲ 适用对象：孤独症、注意缺陷多动障碍患儿及胆小退缩者、动作不协调者、学习困难者、阅读书写困难者等。

▲ 训练目标：调整前庭机能、本体感觉机能、触觉敏感或迟钝，提高学习能力。

▲ 训练方法：让孩子俯卧于滑板上，挺胸抬头，并拢双腿，从大滑梯上向下俯滑至地板上（铺有地毯），并从铺有地毯的地面再滑回至起始处，这样反复来回滑行数十趟。这种滑板游戏是一种有助于大脑机能协调发展的有效的方法。

吊缆游戏

▲ 适用对象：孤独症、注意缺陷多动障碍患儿及学习困难者、视听协调障碍者。

▲ 训练目标：调整前庭机能、视觉协调等。

▲ 训练方法：让孩子俯卧于吊缆上，训练师前后、左右晃动。孩子对这

种游戏适应后可进行旋转运动，其强度和时间应根据孩子的具体反应而定。可进一步拓展训练方法，比如，吊缆游戏加插棒、吊缆游戏加接球等。这一游戏不仅能帮助孩子改善前庭功能，整合并正确处理前庭感受的信息，还能调整孩子“手—眼—脑”的协调能力。

旋转浴盆游戏

▲ 适用对象：孤独症、注意缺陷多动障碍患儿及学习障碍者。

▲ 训练目标：调整平衡觉、本体感觉、触觉及眼球协调机能。

▲ 训练方法：孩子坐在盆底为半球形的塑料盆中，训练师轻轻摇晃，强度及时间可根据孩子的反应进行调整。

圆筒吊缆游戏

▲ 适用对象：孤独症、注意缺陷多动障碍患儿及学习障碍者。

▲ 训练目标：调整平衡觉、视听协调不良、触觉敏感或迟钝，唤醒脑干系统等。

▲ 训练方法：圆柱悬吊于平衡架上，悬吊滑轮可向各个方向转动。让孩子上、下肢环抱圆柱，进行前后、左右晃动，适应后再进行旋转运动，使前庭功能得到充分调整。

蹦蹦床游戏

▲ 适用对象：孤独症、注意缺陷多动障碍患儿及身体不协调者。

▲ 训练目标：调整前庭感、本体感觉、手眼协调机能。

▲ 训练方法：训练师或家长握住孩子的双手，让孩子在蹦蹦床或弹簧床上跳跃起来，跳的同时配合着口令、音乐，增加孩子的兴趣。根据孩子的具体情况，可以在跳跃的基础上变换花样，比如，跳跃加接球，跳跃加投球入网。训练师或家长应当配合表情或形体奖励，以激发孩子的兴趣和信心。

垫上游戏

▲ 适用对象：孤独症患儿及胆小退缩者、自卑气躁者、分心多动者、动作不协调者。

▲ 训练目标：调整触觉防御过度或迟钝、身体动作不协调者等。

▲ 训练方法：对年龄小或不懂指令的孩子，由家长扶住孩子的双足，在垫子上进行翻滚训练；对大年龄和能听指令的小孩，可以在有节奏的口令或音乐的引导下进行连续翻滚。为强化训练力度，将软垫呈30° 角左右倾斜摆放，或将软垫摆成阶梯状，让孩子侧身从上往下滚，对大脑双侧协调或孩子运动功能的发展大有好处。

走线游戏

▲ 适用对象：孤独症、注意缺陷多动障碍患儿及学习障碍者。

▲ 训练目标：调整平衡觉、本体感觉、中枢觉醒状态。

▲ 训练方法：在地上画一条直线或波浪形曲线或一排脚印，让孩子踩着行走。双臂向两侧伸直，抬头看前方，比赛谁走得好（始终踩着线），看谁先走到终点，最后进行奖励。进一步练熟后，可端着水碗或头顶水碗比赛，增加难度和趣味性。

蟹行游戏

▲ 适用对象：孤独症、注意缺陷多动障碍患儿及学习障碍者。

▲ 训练目标：调整平衡感觉、本体感觉、手—眼—脑协调、颈肌控制能力。

▲ 训练方法：让孩子们一起按路径排成一排，和着音乐、口令或儿歌，模仿螃蟹横行走路，行走距离根据孩子的体力而定。

爬行游戏

▲ 适用对象：孤独症、注意缺陷多动障碍患儿及学习障碍者。

▲ 训练目标：促进平衡觉、触觉及运动觉的协调发展，促进颈部肌肉的控制能力。

▲ 训练方法：设计曲线路径、路中障碍及山洞等（可利用桌、椅、纸箱等），让孩子分别模仿蜗牛、青蛙等动物的姿势越过障碍物，到达终点后再返回起点，看谁的动作快，看谁模仿得像。赛前可进行练习，明确规则，胜者有奖。

十、触觉防御过度或迟钝的统合治疗

触觉是人体感觉器官中最复杂、最敏感的感官，每秒钟以成千上万个信息传入。触觉对环境信息刺激的处理一旦发生紊乱，人体的整体运作便会乱成一团。孤独症儿童多数存在触觉机能不良。触觉统合训练有较好的效果，虽然不能像纠正单纯触觉失调儿童的行为问题那么快速有效，但是，毕竟是打开孤独症儿童“自我封闭”的方法之一。这里介绍一些在康复中心训练的方法和在家庭训练的方法供家长参考，家长也可以在此基础上拓展创新。

球池游戏

▲ 适用对象：孤独症、注意缺陷多动障碍患儿及触觉敏感或不足者、身体协调不良者等。

▲ 训练目标：调整触觉统合机能的同时，对前庭平衡、本体感觉等机能协调都有较好的效果。

▲训练方法：引导孩子跳入球池，将全身埋入球池中，在其中做各种动作，如坐位、站位、俯卧位、翻滚，使身体各部位都得到刺激，在刺激中得到调整。

▲游戏拓展：除了在球池中做简单的活动外，还可进行游泳、捉迷藏、运球、跑步，或者寻物等互动游戏，更好地培养儿童对于规则的理解，以及同伴间的人际沟通。

吊缆游戏

▲适用对象：孤独症、注意缺陷多动障碍患儿及语言障碍者、视觉障碍者、身体动作不协调者。

▲训练目标：调整前庭感觉、本体感觉、触觉、视听觉。

▲训练方法：借助一种协调感觉统合的特殊器具，孩子可以取俯卧位、坐位，根据小儿具体情况，可以前后、左右摇晃，也可以左右旋转。还可以拓展动作，如悠荡加插棒、接球等更复杂的动作。

▲游戏拓展：吊缆包括横抱筒、竖抱筒、网缆组，其中横抱筒可进行前后左右摇晃，并在训练中添加接球、投球等活动；竖抱筒多以旋转为主，训练中可进行抓物活动。

大龙球游戏

▲适用对象：孤独症、注意缺陷多动障碍患儿及视听障碍者、身体不协调者以及触觉过分敏感或过分迟钝人群。

▲训练目标：调整触觉、平衡觉、本体感觉、视听觉机能。

▲训练方法：孩子可以取仰卧位、俯卧位、坐位，训练师进行各种活动。

▲游戏拓展：大龙球通常有两种，一种是光滑面的，一种是带有触点的。无论是哪种球对人体的触觉都是有刺激的，只是带有触点的更为强烈。训练方式有以下两种：

（1）训练中要求儿童俯卧或仰卧在垫子上，训练师或家长利用大龙球给儿童全身做挤压或按压的活动；

（2）要求儿童以俯卧、仰卧、坐位、站位的姿势在大龙球上做各种各样的活动，如俯（仰）卧做前后运动的同时进行接抛球、投球、拾物等；坐位可以结合进行墙面游戏（贴五官等）；站位通常会选择儿童做跳跃训练。这些训练既可以提升触觉感知，还可以刺激前庭，锻炼本体感觉。

浴巾蛋卷游戏

▲ 适用对象：孤独症、注意缺陷多动障碍患儿及身体协调不良者等。

▲ 训练目标：调整触觉敏感或迟钝、身体协调机能。

▲ 训练方法：家长用浴巾将孩子身体卷起来，协助挤压全身（除头颈部），并使孩子滚动起来，以加强效果。

▲ 游戏拓展：除了上述将儿童卷起来挤压外，还可将儿童卷起来后玩“毛毛虫滚啊滚”的游戏，并且为了增加趣味性，可在终点放置一些物品，要求儿童在规定时间运送回来。

软垫压身游戏

▲ 适用对象：孤独症、注意缺陷多动障碍患儿及脾气暴躁者、胆小退缩者等。

▲ 训练目标：调整触觉敏感或迟钝。

▲ 训练方法：准备泡沫软垫或木棉枕头，将孩子夹于其中，挤压全身（除头颈部外），仰卧位、俯卧位均可以。从下肢往上肢挤压、揉搓，顺序为：小腿→大腿→臀部→腰→背→上肢。挤压时注意孩子的表情，用力不要太重太猛。应当逐渐加大力度。

冰袋游戏

▲ 适用对象：孤独症、注意缺陷多动障碍患儿及胆小退缩者、身体协调

不良者等。

▲ 训练目标：唤醒脑干系统，调整触觉敏感或迟钝。

▲ 训练方法：用冰袋刺激触觉敏感部位，如手背、手心、面部、足背、前臂，让孩子慢慢适应。如果孩子愿意自己做，可先让孩子自己试着做。同样的道理，也可以冰袋、热水袋交换进行。

触觉拓展游戏

▲ 适用对象：孤独症、注意缺陷多动障碍患儿及胆小退缩者、身体协调不良者。

▲ 训练目标：唤醒脑干系统，调整触觉敏感或迟钝。

▲ 训练方法：用吹风机吹孩子的手背、手心、脸部，冷、热风交替进行。也可用粗糙的麻布或搓澡布给孩子摩擦或揉搓肌肤，但要注意勿擦伤皮肤。还应当经常带孩子进行水浴、沙浴、空气浴的训练，均有助于触觉统合机能的正常化。

第八章

孤独症儿童教育训练案例*

教育训练是目前孤独症儿童康复的主要手段，这里呈现了语言、社交、改善刻板行为、问题行为与情绪调整等多方面的卓有成效的训练案例，具体的操作方法和成功的实践经验一定能帮助父母树立信心并找到针对自己孩子的训练方法。

* 注：此章节的案例为一线教师提供的教学案例，以故事的形式展开，故体例与其他章节有所不同。案例中的“我”均为特殊教育教师。

案例一　对陌生人过敏的塔塔

“程老师，你来，这是塔塔。以后就由你负责塔塔的教学了。”教学主管张老师把我带到咨询室介绍说。面前的塔塔蜷缩在妈妈的怀抱里，眼泪吧嗒吧嗒地流着，表情既害怕又委屈。我赶紧递给塔塔一个水晶球安抚他，说：“宝贝，别害怕，跟程老师来。”妈妈抱着塔塔跟我来到教室，看到教室已预备好的各色玩具，塔塔也便从妈妈怀里要求下来，开始放下戒备心，逐一试探玩具，敲敲这个，摸摸那个。

看见孩子很开心地与我互动，还要求在我的板夹上画画，塔塔妈妈也放松了下来，并对我说：“程老师，我们家孩子特别怕人，像我亲戚呀、同事呀，家里来生人了就号啕大哭，自己立马躲到卧室里，今天倒不怕您了。”

小家伙看着可爱机灵，但是对人怎么这么敏感呢？我不解道：“家里很少有人来走动吗？”

塔塔妈妈说：“是呀，因为孩子怕，所以我们很少邀请别人来家里。”

我问：“那您或者爷爷奶奶经常带孩子出去跟小朋友们玩儿吗？”

塔塔妈妈回答：“我和他爸爸白天都上班，只有晚上有空儿陪他。有时会带他出去逛超市或商场，孩子都还不错，不怎么哭闹。白天基本都是爷爷和奶奶带他，老人家年纪大了，我们又住在6层，没有电梯，他们也很少带孩子下楼。有时晚上会在小区里散步，塔塔看见小朋友就要求回家。”

“很少下楼？最长时间多久没下楼？”这个话题引起了我很大的兴趣。

“最长大概1个月吧。”塔塔妈妈有点儿吞吞吐吐起来。

眼前的塔塔，还在忙碌地摆弄各种玩具，时不时拿一样过来凑到我面前跟我分享。这半个小时的观察，塔塔已经看了我10次，到我面前6次，向我提了4次要求，主动拍了我2次。这样一个机灵的小朋友，有这么强烈的自我发起需求，怎么会对人如此敏感呢？根据对塔塔的观察和对妈妈的访谈，我推测似乎是因为长期地与生人和其他孩子隔绝，缺少愉快相处的体验使得孩子患上了“对人过敏症”。

正式入园后，一开始塔塔上课都很难与父母分离，紧紧搂着妈妈的脖子不放手。我通常会拿塔塔最喜欢的蓝莓豆和水晶球来迎接塔塔，然后陪他在教室外玩一会儿，慢慢地引导孩子走进教室。进教室后，塔塔第一件事就是把教室门关上，然后再开始玩玩具。每当教室门前有脚步声，塔塔就会像惊弓之鸟似的放下手里的玩具抱紧我。中途如果要带塔塔上厕所，小家伙宁愿尿裤子也万般不愿意开门。

经过和塔塔父母的沟通，在塔塔入园的第二天，我正式开始了塔塔对人过敏的干预。

第二天，我和李老师提前沟通好，请她帮助塔塔进行第一步的脱敏。当我和塔塔正在开心地玩玩具时，突然有人敲门。塔塔依然很惊慌地抱紧我。我抱着塔塔打开门，原来李老师带着遥遥来给我们送玩具了。塔塔看见门外站着的老师和孩子哭得更厉害了。“咦，塔塔，你看，遥遥哥哥来给我们送水晶球了。”遥遥说：“塔塔，给你水晶球。”说完，李老师便带着遥遥离开了。此时，塔塔慌张地关上门。我把水晶球递给塔塔，他一边哭一边把玩着，我安慰道：“塔塔，李老师和遥遥哥哥给塔塔水晶球了。你看，一闪一闪的，里面还有小鱼，真好玩儿。”塔塔啜泣了几声，便开始向我展示水晶球，高兴地玩了起来。

小家伙终于尝到了与生人互动的第一个甜头。

第三天，李老师带着遥遥来到我们的教室门外，分别给塔塔带来了最喜欢的水晶球和棒棒糖，递给塔塔后他们便迅速离开。塔塔仍然很慌张，但是可以自己伸手去接水晶球和棒棒糖了。真是棒极啦!

第四天，当李老师带着遥遥来敲门时，塔塔透过玻璃窗看到后，居然主动地站起来自己去开门。看到这一幕，我顿时开心极了，塔塔已经开始接受李老师和遥遥了。

第五天，当我带塔塔进教室时，他不再要求关门和锁门，而是同意让门敞开着。当李老师和遥遥再次出现时，我邀请他们走进教室给塔塔食物和玩具，塔塔没有拒绝也没有哭闹，小家伙的进步越来越大了。

周末两天休息后，塔塔回到中心，我没有立即加速脱敏的步伐，而是给塔塔一天的缓冲时间。

到周二时，塔塔听到隔壁李老师和遥遥的声音时，居然会手指着声源的方位，嘴里发出“啊啊”“嗯嗯”的声音，好像说着什么，仿佛在告诉我“程老师，你听，是遥遥哥哥呀”。

接下来的几天时间，当塔塔看到李老师和遥遥哥哥带着一大筐玩具和零食来到自己教室时，居然高兴地跳了起来，而且并不排斥他们进教室。就这样，塔塔和遥遥平静地相处了3分钟。这3分钟时间里，我和李老师不停地给塔塔和遥遥好吃的，还给了塔塔3个水晶球。

之后的5天，遥遥在塔塔教室待的时间越来越长了，最长接近到10分钟。这可乐坏了塔塔的妈妈，之前和小朋友待1秒都不能忍受的塔塔居然可以和小朋友待在一起这么长时间了。

有一天，当塔塔提出要“面面”的时候，我说：“程老师没有面面了，遥遥哥哥有，我们去找遥遥哥哥要。”小家伙自己站了起来，走出教室。虽然我们的教室离遥遥的教室不过三五步路，可是塔塔在走廊里还是走走停停，抱着我的腿。走到遥遥门口时，我把塔塔抱了起来，并辅助他敲门。开门后，李老师开心地说道：“哇，塔塔来了，我们这有好多好吃的，有仙贝、m&m豆、棒棒糖……都给你。”见塔塔没有扭头退缩的意思，我试探性地放下塔塔，但是依然紧贴在他身后，塔塔接过好吃的，一顿“猛塞”。此时，遥遥在李老师的引导下，也给塔塔喂好吃的。看见塔塔吃得这么开心，我问塔塔：“你给遥遥哥哥一个薯片吧！”没想到塔塔立马拿起手中的薯片喂了遥遥。好家伙，不害怕了吧！

塔塔对李老师和遥遥的脱敏已经初显成功，后续的日子，我每天都带塔塔去两次遥遥的教室，让他们玩儿上一会儿，维持塔塔与遥遥的互动。同时，我也开始跟白老师和许老师沟通，请她们以同样的方式与塔塔互动，塔塔表现都不错，开始接受小朋友们来教室给他好吃的和好玩儿的。

在塔塔和3个小朋友都能稳定相处后，我开始把塔塔带到集体课环境中，帮助塔塔面对更多的人。塔塔的第一次集体课体验是在许老师的音乐课上，里面有遥遥、小高两位塔塔熟悉的小朋友。音乐课临下课前5分钟，我把塔塔抱到音乐教室一旁坐着，他仍坐在我的腿上，塔塔一边看着其他小朋友在跟着老师做音乐模仿操，一边舔着棒棒糖。这样的音乐课好享受呀！塔塔居然乖乖地坐到下课，这大大出乎我们的意料。这可是他第一次到音乐教室，第一次在一个空间中面向8个人。

在接下来几天尝试后，塔塔已经能在音乐课中坐一整节，并且会自发地跟着老师做模仿操。塔塔对小朋友、老师的脱敏已经成功了一大步！

在中心，除了老师和小朋友，每天还有很多家长，他们都坐在等候区中。这也是塔塔脱敏的好情境、好机会呀！入园一个月后，塔塔已经会说30个词了，还能正确地用语言提要求。每当塔塔学了新的词句后，我便把塔塔带到等候区“表演”说话和提要求，家长们都会给塔塔掌声和夸奖，塔塔的自信心也建构起来，愈发地敢面对大家说话，甚至还会主动地要等候区的家长们抱抱，再也不惧怕大家了，十分可爱。

短短的一个月，一个对人过敏的塔塔已经成长为一个爱笑爱说的塔塔了。爸爸妈妈看到塔塔的变化也开始积极地联络同事和亲朋的孩子跟塔塔玩耍，帮助孩子在更多的情境下进行脱敏。现在的塔塔，不仅能跟小朋友们一起玩耍和分享食物，还会主动拥抱和亲吻自己的好朋友。在游乐场和小区公园，塔塔能够主动参与游戏，看到人不会立马就退缩了。

在教学时，孩子的技能习得不是一蹴而就的，我们要给孩子成长的时间，一步一步改变环境，给予孩子支持和帮助。我们多一些耐心和技法，教学中处处便会有惊喜。

案例二　他不再是刻板的加加

加加，一名帅气的男孩，第一次来到机构时，低着头，玩着手。陪着他来的有爷爷、奶奶，还有爸爸和妈妈。他的家人对他的刻板行为很苦恼，不知道怎么办，希望老师们能帮助他们。从妈妈那里了解到，加加出生于2011年2月6日，家庭成员有爷爷、奶奶、爸爸和妈妈。爸爸是军人，妈妈是医生，爸爸妈妈忙于工作，加加由爷爷奶奶照料。爷爷奶奶年迈，出于安全着想，不敢带孩子出去，怕孩子奔跑，追不上，还怕其他的小朋友欺负孩子，更怕他人异样的眼光。加加不喜欢穿新衣服，必须穿以前穿过的衣服，如果坚持给他穿上，他就会哭闹不止。他喜欢并很专注地玩一种玩具，不愿意尝试其他的新玩具，睡觉时必须抱着兔子玩偶。如果兔子玩偶脏了，妈妈给洗了，睡觉的时候没有干，他就会一直哭闹不止，直到筋疲力尽才会入睡。只喜欢吃某几种蔬菜。不能接受其他人来家里做客，也不喜欢去别人家玩儿，只在家里上厕所。爷爷奶奶的溺爱和不恰当的教育方式，加深了其刻板行为的延续。加加从未上过任何幼儿园和特殊教育康复机构，4岁时在某医院诊断为孤独症，来到机构进行训练，成了我的一名个训孩子。

经过一周的课堂观察，我发现加加经常单调重复地手舞足蹈，如翻动手掌、拍手；对某一物品和特定人产生依赖行为；当自己熟悉的东西摆放的位置发生改变时，会产生焦虑情绪，长时间地发出哭的声音，但不会流眼泪，情况得不到解决时甚至出现捶打自己等自残性行为；语言存在一定的障碍，喜欢自言自语地说动画片或者看过的故事书里的片段；不会表达感情，不会提要求；强烈要求维持现有环境不变；喜欢把东西放得整整齐齐，有一点儿不整齐就会发脾气；对于不接受的事又哭又闹，遇到不满足自己需求的事情时，情绪就会变得很烦躁。因为加加没有和他人沟通交往的意识，当他的内心有压迫感或愿望无法表达时，就会做出错误的刻板行为进行发泄。

鉴于加加从未接受过正规教育和康复治疗，我决定从日常小事入手，精心制订个别化教育计划，采取相应的教学策略开展矫正训练，帮助加加逐步消退刻板行为。

第一次给他上课时，他对我置之不理，自己坐在椅子上玩手、自言自语，眼睛也不会直视我，表情单一，完全沉醉在自己的世界中。这时，我主动与他打招呼："你好，孩子！今天老师给你上课高兴吗？"边说边和他握握手，用手抚摸他的头。他对我的这些动作极其反感，甚至在躲避，还会大哭大叫。当这些现象出现时，我没有急躁，而是视线转向其他地方，不再看他，让他以为我不再关注他。待他停止哭泣后，给他纸巾先让他自己擦眼泪、鼻涕，他擦得不干净，我再帮助他用纸巾将眼泪、鼻涕擦干净。在做这些事情时，只是协助不是包办代替，并且告诉他："哭闹是不对的。"加加不哭后，给他喜欢的玩具、食物，和他玩他喜欢的互动游戏，我会先吸引他的注意力，例如把他喜欢的玩具、食物放在我的眉心前，他看我了，我就给他喜欢的东西。渐渐地，在课堂上，他哭的次数少了、时间短了，后来不哭了，课前看到我还会很开心地拉着我去教室。

在结构化课上，加加放数字的小盒粘不上了，他很愤怒，用力地拍打自己的头，发出哭的声音并自言自语道："完了，完了。"他不能接受事物改变原来的模样，我就走到他旁边告诉他："安静。好好说：'我的小盒掉了，我要粘上。'"他继续哭闹，我就不理他，让他知道哭闹是没有用的，而要正确地跟老师表达，老师才能帮助他解决问题。我也会每节课变换他的座位，以及工作任务的内容以及顺序，以免造成他新的刻板行为。

针对加加不能接受其他人来家里做客，也不喜欢去别人家玩儿的状况，我让加加妈妈准备了一本日历，保证日历上有空白的地方可以记录每天的活动安排，然后再教孩子每天早上"检查"一下日历，看一看今天将要做什么以及有没有什么变化。如果要去亲属家做客，就在日历上用红色的笔标注出来，让孩子清楚地知道什么时候、和谁、去谁家、做什么、什么时间回自己家。假如孩子不断执着地问某个活动在什么时候进行，叫他从日历上找答案。

孤独症儿童的刻板行为不是一天两天形成的，在这个过程中加加的家人有一定的责任——有时怕其吵闹而接受了孩子的刻板模式。在生活中，家人应配合老师改变加加的刻板行为，每天有意识地从生活的各个方面都做一点细微的变化，让加加了解到发生变化后，能顺利接受。

一次我生病请假，不能给加加上课，他就非要到教室坐着，不回家，不时用手拍打自己的头并且哭闹不止。当我得知这一情况时，第二天我来上班，上课前跟他说："老师也有不舒服的时候，不能上班，不能给加加上课。你哭闹的做法是错误的，奶奶和老师会生气的。"经过这件事，我有意识打乱给他上课的时间，让他渐渐适应。随后，我又与家长协商，将他家各个房间的家具逐一挪挪位置，让他慢慢适应生活中的点滴变化。起初家长不敢实施，怕孩子不接受，毕竟这种布局在他出生后从未改变过。在我的一再鼓励下，家长抱着试试看的想法给家具一件一件重新布局。在环境改变后，孩子竟然没有哭闹。这样，家长对孩子的训练有了一定的自信心，对我的工作给予积极的配合。家长在我的指导下，又将孩子玩具的存放位置进行了改变。孩子哭闹两天也接受了，家长看到孩子的可喜变化很高兴。

加加是个比较任性的孩子，他平时喜欢吃糖，为此生了许多颗蛀牙。平时喜欢独自到厨房抱着糖罐吃个不停。一次，他患了感冒，咳嗽非常厉害，奶奶偷偷把糖罐藏起来了，他发现后一直大哭，为此加加奶奶很苦恼。听到这一情况，我跟奶奶说，告诉孩子别哭了，不哭以后，奶奶就给他小动物卡片。当加加止住了哭声，奶奶就拿出他喜欢的色彩鲜艳的小动物卡片，奖励他。之后，可以偷偷地把糖罐里的糖换成盐。后来奶奶告诉我，加加又去吃糖时，当把盐放到嘴里时大哭起来，随手把糖罐扔到地上。这一招果然奏效，那天他都没再到厨房吃糖。事后，他有几次又到厨房去吃糖，当尝到味道不对时，仍旧把糖罐扔掉哭闹。奶奶听从我的指导，对加加的哭闹不理睬。渐渐地，他到厨房找糖罐的次数少了，终于放弃了这个爱好。

经过近一年的训练，加加在消退刻板行为方面有了一定的进步。见到不认识的人不再哭闹，能接受环境的改变，饮食种类有所增加，不再一成不变。

加加害怕改变不是他人格上有缺陷，也不是故意来和他人捣乱，只是他对压力和焦虑的本能反应而已。消退孤独症儿童刻板行为不是一朝一夕的事情，在训练中可能会出现多次的反复。教师和家长应做好充分的心理准备，有坚定的信念和决心，有足够的耐心和爱心，始终如一地对待孩子并坚持不懈地给予训练。只有这样才能帮助孩子走出困境，更好地适应社会生活。

案例三　何何不再撞头了

何何是2012年2月14日出生的，是一个没有语言的小朋友，行为规范很差，会跑来跑去，会爬桌子，对于家人没有很多的依赖，还特别挑食。2015年10月来北京北大六院诊断，诊断结果为孤独症，爷爷奶奶带着何何开始了北京的康复训练之路。2015年10月16日进入中心进行训练。根据孩子当时的情况，让他参加密集教学训练。

何何其实是一个很可爱的小男孩，现在我还很清楚地记得他第一天进入教室的场景。当时，其他小朋友都哭闹不止，只有他拿着一个小包子开心地吃着，对于周围发生的事情一点儿都不关心，他关心的只有包子。他的额头有流血后形成的结痂，脑门上青一块紫一块的，和奶奶沟通后了解到这些伤全都是他自己撞墙留下的，这是一个“历史遗留”问题。从小就是这样，只要不能立即满足要求，就会撞各种东西，没有墙撞门，没有门撞柜子，没有柜子撞桌子。开始训练后，确实也出现了这样的情况。何何没有语言，不能用语言来表达他的需求，而且孩子的等待时间非常短，要做到一次一强化。我把周围的环境进行了布置，找来了垫子，为孩子设置了一个相对安全的环境。何何开启了他的撞头模式，不给玩具撞头，找不到玩具撞头，听到小朋友的哭声撞头，小朋友抢他的玩具撞头，听到不喜欢的儿歌撞头，不想做事情了撞头，给他吃不想吃的东西撞头……

我依据儿童的VB-MAPP评估结果，制订了教学计划。执行计划的同时，也在规范孩子的行为。对何何撞头的行为进行了功能分析：一是为了获得实物，二是为了逃避。

何何没有语言，训练项目中设置了口部模仿、仿说、命名，更重要的是提要求。提要求借用了图片沟通系统，给了孩子一个表达内心需求的渠道。因为他特别喜欢小汽车，最开始我做了很多小汽车的图片，手把手教何何用图片来要汽车。第一阶段，桌子上只有一张汽车的图片，我手里有他最喜欢的汽车，第一反应是上手抢，抢不到就撞头。我在孩子后面安置了一位辅助教师，当孩子上手抢汽车的瞬间，帮忙抓住孩子的手，辅助孩子拿汽车的图片给我。我说“汽车”的同时，把汽车给他。记得当时何何可爱的模样，一脸惊奇的表情，似乎在说“还没撞呢，怎么就有汽车玩儿了”。最开始从孩子手里要回汽车是很困难的一件事情，所以我就准备了很多很多的汽车，大的小的，有音乐的没音乐的，警车、救护车、吉普车等各种类型的。同事开玩笑，我都可以开个汽车玩具店了。第二阶段，我会变出一个比他手里好玩儿的汽车，在他面前开心地玩儿起来，玩儿得很高兴，很快吸引了他的注意，他放弃了手里的汽车，想要抢我手里这个更好玩儿的。我的做法是为了引发动机，促使孩子主动表达要求。辅助教师抓住孩子的手，拿起图片，把图片给到我手里，我很开心地说“汽车”，把汽车给孩子玩儿，这是一个自然的强化。何何确实是一个很聪明的小朋友，他的动机很强，操作了4～5次之后，辅助教师的手慢慢撤出，何何真的就可以自己拿图片换汽车了。

除了汽车，我还寻找何何其他喜欢的东西。比如，何何喜欢过山车，我做了过山车的图片；喜欢玩沙子，我做了沙子的图片；喜欢吃的东西（如m&m豆、薯片、点心面、青豆、棒棒糖等），我做了这些物品的图片。用桌子上的一张图片来换取强化物的游戏，何何已经做得非常熟练了，于是我开始泛化老师，泛化距离。泛化老师的过程中，当他拿着图片给我的时候，我没有东西给他，他就焦虑了，不知道发生了什么情况。拿着强化物的老师做出超级夸张的肢体表情吸引何何的注意，我给予辅助——指示，他的小眼睛立马发现了他的好吃的、好玩儿的东西，就美美地跑过去了，拿图片换到了他喜欢的东西。后来不管是什么老师，屋子里的任何位置，何何都能独立拿着图片来换到他心爱的物品。

随着何何的理解力不断提升，他的语言也有了进步——能够发出一些音，能清晰地说“mɑmɑ”“ɑ”“ɑi”，喜欢跟着仿说他听到的声音，可以仿说2～3个字，虽然不清晰，但只要发音相似，就强化他，于是他变得越来越喜欢说话。

后来，他的图片由桌面到了沟通本上，相当于多了一个步骤，从沟通本上撕下图片，把图片交给我，并要跟着我仿说物品名称才能得到强化物。我们建立了信任关系，何何配合得越来越好。沟通本上的图片越来越多，由1张变成2张，再变到10张。强化物玩具类会放到一个盒子里，吃的东西会放到一个分类食物盒子里。当问何何“你想要什么”，他会自己挑选图片，并说出名称来选取强化物。

何何有了分辨图片的能力以后，我加入了句带的环节，需要何何用图片拼成一个句子来提要求。最开始，“我要”的图片也是贴在句带上的，只需要他把强化物的图片粘上，撕下句带给我。何何在辅助了几次之后顺利完成，可以拿句带换取强化物。接下来，是要他独立完成密集教学的整个步骤，辅助、转换、干扰、测试，经历了数十次的练习，成功掌握了这一技能。接下来，何何能够指着图片来读句子，才可以得到强化物。儿童的能力一直在提升，教学目标也一直在提升。辅助他，握着他的小手指卡片，让他跟着仿说句子，一次一次地练习。当看到何何拿着自己的小手，指着图片，认真地在读“我要棒棒糖”的那一瞬间，我的内心狂喜，有种孩子长大了的感觉。虽然说得不清楚，但他真的在努力表达自己的意愿。

图片沟通给了孩子一个表达内心需求的渠道，他明白想要得到喜欢的东西，可以有一种方式比撞头来得更容易些。他渐渐习惯用图片来表达需求，而且借用图片，何何可以说一个完整的句子，促进了他语言的发展。到现在何何都可以用图片表达“我想要尿尿”这样的需求。

除了图片沟通，我还利用前提控制，综合ABA原理，减少了何何的逃避行为。降低任务难度，高频率地强化；减少矛盾，两个小朋友开始在一起玩玩具，其他小朋友玩的是他不喜欢的玩具，他可以感觉到安全，一步步塑造他的行为。到现在何何可以接受和小朋友轮流玩喜欢的玩具。遇到他不喜欢的东西，他可以用图片来表达拒绝；听到不喜欢听的歌曲，他可以用图片要求换一首；吃到不想吃的食物，可以用图片表达不要吃；听到小朋友的哭声，他会捂住耳朵，用图片提要求——“我要离开”或“我要耳机”。

何何训练了6个月的时间，可以认识39个物品，仿说可以清晰地说出13个音，可以自发提25个要求，服从指令、模仿和配对等方面都取得了很大的进步。奶奶一直很配合我们的工作，回家就会按照老师说的方法训练孩子，家庭和机构配合，何何真的如奶奶期望的那样发展。

来中心6个月的何何，不再撞头了。脑门终于同其他孩子一样是光滑的了，皮肤也变好了，白白的，再也不是青一块紫一块的了。何何的训练之路还在一直持续，他的语言会越来越多，提要求的能力会越来越好，图片沟通也会越来越熟练！

案例四　小宇攻击行为的干预

小宇（化名），男孩，4岁，自闭症。小宇出生时，其母26岁，足月，剖宫产，生产时难产。2岁左右，家长发现小宇对父母缺乏依恋，没有语言，对于呼唤或其他声音没有反应，因此去医院检查，确诊为自闭症。在幼儿园，发现他和其他小朋友没有交流，还有自言自语和异常行为出现。

通过对小宇的观察和对家长的访谈了解到，小宇的攻击性行为主要表现为用牙齿咬别人的手、手臂或肩膀，用手抓人和用脚使劲儿地踩别人的脚。据观察，我发现了一个特殊的情况，如果小宇在某一天曾经受到了同学的欺负，那么，第二天其问题行为会表现得更加明显，次数也会更多。在观察的一个星期中，一天，小宇的手臂被班上的同学抓伤了。第二天，小宇在做操时就连续对三名同学进行了攻击性行为。在对小宇老师的访谈中，得知这种情况较为普遍，之前也曾经出现过，老师分析他可能有一种报复心理。对小宇的攻击性行为采取了直接观察法和访谈法，观察持续了两星期，采用行为前后事件记录表对其进行了详细的记录。

根据记录情况，小宇的攻击性行为与当时的情景和行为后果有着密切的联系。用ABC行为观察法对表格进行分析可知，小宇经常在幼儿园攻击他人是为了可以不按照老师要求做事，逃避管制与束缚，所以产生不良情绪。经过观察，小宇攻击性行为有时也是为了报复其他人。当自己受到欺负时，会产生攻击性行为，或使攻击性行为情况加重，还有报复别人。此外，个别时候其攻击性行为是为了引起他人的注意。因此，其攻击性行为的主要功能体现在逃避要求、报复他人、引起他人注意上面。

通过在机构的直接观察、和家长的访谈以及对小宇带班老师的访谈，对造成小宇攻击性行为的主要原因可归纳为以下几个方面：

第一，自身原因。首先，小宇处于幼儿园阶段，年纪较小，刚刚上幼儿园的孩子不能够适应有规律、有要求且不能随心所欲的生活，没有形成良好的习惯，不能听从老师的要求。因此，对于环境的不适应造成小宇情绪不稳定，从而发生攻击性行为。

其次，当上课时小宇不愿意完成老师的要求，而老师又强制其完成时，小宇以攻击性行为进行反抗。这种行为往往会达到目的——不用按老师要求做事，又强化了小雨攻击他人的不恰当行为。小宇的攻击性行为会影响到其他小朋友，使他们因为害怕而疏远小宇。小宇的座位在老师的身边，严重影响了他与其他小朋友一起学习或游戏。经过观察，在进行日常行为规范的要求或练习时（例如，小手放腿上坐好，吃饭前要洗小手），小宇为了逃避要求，攻击他人的情况会很强烈，经常出现抓人、咬人的情况。通过这种方法，小宇通常能够逃避要求，以至于其攻击性行为越来越严重，次数也愈加频繁。

此外，在课堂上，小宇有时会踩老师或者是旁边同学的脚。通过仔细观察，我发现小宇踩别人脚的时候会看着被踩的人。当老师关注他时，他就会停止踩脚这种攻击性行为；当老师不再关注他时，这种行为又会出现。因此，小宇的攻击性行为有时也是为了引起他人注意才发生的。

最后，由于自闭症儿童的特殊性，以及处于学前的特殊时期，其生理、心理、环境的变化都会对其有影响。例如，天气的变化、身体的不舒服、不想上幼儿园等心理问题，甚至是在周末本应该休息却要上幼儿园（调休），都可能使其情绪产生波动，发生问题行为。

第二，教师原因。教师在课堂上向小宇提出要求，或强迫其做某一件不想做的事时，小宇会用以上行为进行逃避，甚至是反抗。有时老师或提醒或比较强硬地制止他，这样就会使其产生焦虑或是急躁的情绪，更加深化了小宇用攻击老师行为来发泄情绪的做法。小宇的学校有个别化训练的课程，在这个课程上，由于老师对小宇的要求过多，小宇的情绪会特别不好，更加频繁地出现用手拍打老师或是咬人的情况。值得注意的是，通过观察发现，教师的情绪对于学前儿童的情绪有着很大的影响，老师越焦虑、着急，幼儿的情绪也越不稳定，越会产生攻击他人的行为。长此以往，上个别化训练课程的小宇就会感到焦虑，就会有攻击他人的行为出现。

第三，家庭原因。小宇的家庭情况比较优越，从和家长的谈话中发现父母对于小宇有很深的歉疚感，并且十分宠溺。因此，父母对于处于学前期本应养成良好习惯，形成遵守学校规矩意识的孩子，却没能坚持树规矩、立要求。在家中时，父母会因为小宇的打人、咬人的行为而满足其要求或不再坚持本来的要求，进而强化了小宇的攻击性行为。这样对待小宇的攻击性行为的方式并没有使小宇攻击他人的不良行为得到改善。

综合上述原因，教师采取以下办法进行干预：

第一，取得家长配合。处于学前期的儿童，由于年龄较小，是最应该培养其良好习惯以及一些较为普遍社会规范的时候。这个时候家长起到了极其重要的作用。在家中，教师辅助家长为儿童制定一些家庭中的规矩，要求儿童一定要遵守。比如，爸爸妈妈的要求要听，不可以乱发脾气，对人要有礼貌等。家长不能过于溺爱孩子，不能因为小宇发脾气或攻击人而妥协。

第二，消除小宇的焦虑情绪。小宇出现攻击性行为时，老师不再用粗暴或强制的方式制止他，而是首先给他一个相对较为安静平和的环境，使其自己先稳定下来。然后，由老师或同学跟他一起做一些他较为喜欢的游戏，如折纸、拍手游戏。在游戏的过程中，对小宇出现的良好行为给予表扬，如他能够和小朋友一起玩游戏、能够听老师的话，消除他的焦虑情绪。

第三，由易到难逐渐提出要求，选择适当的强化物进行强化。要求小宇在课上做一些较为简单且喜欢做的事情，如，帮同学分发学具、带领同学做操等，等小宇完成后，积极给予表扬，并告诉小宇，下一次小宇可以做更多的事情。对于其不想完成的事情不要强迫其完成。一个星期后，逐渐增加一些小宇不喜欢做的事情要求他完成。若小宇不想做，可以给予言语或行为上的鼓励，或辅助他一起完成。完成任务后，要采取更强烈的表扬和祝贺，使小宇从心底感到成功和喜悦。

整个干预过程包括两个星期的观察期、八个星期的介入期和两个星期干预撤销之后的观察期。在干预撤销后，小宇的攻击性行为的次数突然增加，并且涨幅明显，出现了自发恢复的情况。但由于教师处理妥当，且并未因问题行为次数的突然增加而妥协，因此自发恢复的时间持续较短，且很快趋于平稳。小宇的攻击性行为的次数处于低频，且在观察期内基本没有再发生。

通过本案例研究，对于处理自闭症儿童行为问题得到以下启示：

（1）循序渐进是非常重要的。

（2）家庭的配合对干预的效果起着至关重要的作用。

（3）有计划地进行干预，及时给予奖励。

案例五　小贝贝的咿咿呀呀

小贝贝是2016年3月8日加入中心这个大家庭的。这个3岁多的小男孩初次来到这个陌生的环境中并不感到害怕，他对我的出现毫无反应，对爸爸妈妈的离开也无动于衷，只是低着头，很安静地拨弄着自己手里的小玩具汽车的轮子，不哭也不闹。肉嘟嘟的小圆脸，一副憨态可掬的模样，很是惹人喜欢。这个小娃娃没有任何的语言，甚至只有在他极为少数的哭或者笑的时候才会发出婴儿般的嘤嘤的声音。小贝贝的认知能力很差，模仿能力也很弱，几乎不能完成任何的指令，叫名没有应答，对周围的环境缺少关注，我对这样的他感到些许担忧。询问家长得知小贝贝很喜欢吃甜甜的夹心饼干、玩汽车玩具以及看汽车的图片，我便选择用它们作为小贝贝的强化物。

起初，小贝贝很少会看我，除非我将强化物放在眼前；他也很少会因为我而开心地笑。一次，我拿出一瓶泡泡水开始吹泡泡，小贝贝看到泡泡后竟然开心地笑了，不去抓或者拍，只是静静地盯着看，直到泡泡全部消失后，小贝贝转过头来看看我，又看看泡泡水，眼睛里闪烁着光芒。我知道小贝贝喜欢泡泡，便又吹了。小贝贝又开心地盯着泡泡看，我伸出食指在他面前轻轻触破了一个泡泡。小贝贝似乎很惊奇，自己也伸出手去触碰一个泡泡。泡泡一下子消失了，他又惊又喜，接着去触碰别的泡泡，待泡泡全部消失后，他又将目光转向我，我再次一边吹一边说着“泡泡”。这节课我们都很开心，尽管小贝贝没有开口说句什么。小贝贝的开心或许是因为看到了泡泡的神奇，而我的开心是因为小贝贝主动看我了，而且看了很多次。

对小贝贝的干预我采用了DTT，从模仿训练开始，辅助小贝贝模仿老师拍音乐鼓、摇沙响蛋、拍手等简单动作，发指令后立即全躯体辅助小贝贝完成模仿，并快速给予小贝贝夹心饼干或汽车玩具。这些动作模仿对小贝贝来说并不容易。一周后，小贝贝基本可以在半躯体辅助下完成这些模仿指令，而且很快小贝贝便能独立完成，这让我感到很欣喜。我想此时的小贝贝应该已经懵懵懂懂地意识到，模仿老师的动作就可以吃到夹心饼干或者玩汽车玩具了吧。

训练初期，个训课和小组课堂中的小贝贝都很安静，没有婴儿的咿咿呀呀，不笑也不哭，俨然像个小大人。这样的情形对他的语言发展并不利。家长反映小贝贝在家里会偶尔发出些声音，我便与家长沟通，只要孩子发出了声音，便立刻给予孩子喜欢的东西，强化孩子的出声行为，直到小贝贝能每天咿咿呀呀地嘴巴停不下来。

课堂上的出声源自一个小猫拼图。一次我拿着小猫拼图随意“喵”了一声，小贝贝竟然也“喵”了一声。我又惊又喜，立即把小贝贝最爱的夹心饼干给他，并且大声夸赞，等小贝贝吃完后，我拿着小猫拼图放到嘴边，吸引到小贝贝的注意后又“喵”了一声，紧接着，小贝贝也“喵”了一声，我很开心，再次立即给予小贝贝强化物和掌声。与小贝贝玩了个挠痒痒的互动游戏之后，我拿着小猫拼图又试着说了一声“喵”，小贝贝也模仿着发出了“喵”的声音，我再次立即给予小贝贝强化物。对于小贝贝突然出现的声音，我感到非常开心。接下来，我多次拿出小猫拼图，吸引小贝贝注意并频繁发出“喵喵喵”

的声音，小贝贝也会跟着“喵喵喵”地出声，我继续奖励小贝贝夹心饼干和大声的赞扬，强化小贝贝发出声音的行为。经过课后沟通，贝贝的妈妈讲述小贝贝特别喜欢听《小花猫上学校》这首儿歌。一听到这首儿歌，小贝贝便自己唱起来。下次课堂中，我拿出一个猫咪形状的音乐盒，吸引了小贝贝的注意，然后“喵喵”地叫了一下，小贝贝也跟着叫了一下，我立即强化小贝贝的出声行为。接着，我打开音乐盒播放音乐，里面有《虫儿飞》《小花猫上学校》《数鸭子》等儿歌，听到音乐盒里的歌声，小贝贝高兴地跟着咿咿呀呀哼唧起来，我立即将强化物给他，并夸赞小贝贝唱得真好听。通过多次播放音乐和不断地强化，小贝贝在课堂上逐渐会跟随音乐发出不同的声音，并且发声的频率明显增多。一次，在没有播放音乐的情况下，小贝贝自己哼唧着唱起来，我很开心地跟着小贝贝一起唱，等他唱完后立刻奖励强化物并夸赞唱得好听。多次强化后，小贝贝在课堂上自主出声的情况越来越多。

一个月后，课堂上的小贝贝不再像是一个一声不出、严肃的小大人，而是一个活泼爱笑、总是咿咿呀呀嘴巴停不下来的小娃娃，很是惹人疼爱。小贝贝的模仿和认知能力有了一定的提高，可以独立完成部分动作指令和操作模仿。最让我们感到开心的一次是一个下午，小贝贝的妈妈送小贝贝进了教室，和往常一样看着小贝贝说了句“再见”就走出了教室，小贝贝看着妈妈离去的方向突然大哭了起来，并向门口走去想要找回妈妈。我突然觉得小贝贝有了很大的进步，小贝贝哭着找妈妈的行为不正是证实了他对妈妈存在依恋，他能意识到妈妈离开了，并且对妈妈的离开感到伤心、不安吗？这与他刚入园时对爸爸妈妈的离开无动于衷的表现大相径庭。

小贝贝有了语言的先备条件，便可以开始进行受控发音练习，在小贝贝有要求时让他模仿老师或家长发音，不要求发出的音一样，只要小贝贝配合发出了声音，便立刻给予强化。通过不断地强化，小贝贝的配合度增高，大概他已经能意识到配合老师或爸爸妈妈模仿出声就能得到他想要的夹心饼干或玩具汽车了吧。经过一段时间的语言模仿训练，小贝贝可以模仿发出

“啊”“呜”“妈妈”“爸爸”“乌鸦”“哥哥”等声音，并且可以通过语言辅助提出要饼干、要吹泡泡、抱抱我等要求。

现在的小贝贝可以通过语言提示向老师和妈妈提要求，可以完成多个一步大动作指令，可以听指令拿、放常见物品，可以独立模仿老师完成多个动作或物品操作，还可以自发模仿老师拍音乐鼓，玩毛毛球、弹簧圈、转珠车等玩具，而且他还可以自己打开猫咪音乐盒播放音乐，独立完成简单的拼图。小贝贝的进步让我和家长都感到无比的欣慰，他的咿咿呀呀在我们的耳朵里也是最动听的音乐。

案例六　乱动的小Z

2015年12月7日，一个活泼可爱的男孩走进了我的课堂。

见到我时男孩用清脆的声音介绍了自己：“你好，我叫小Z，今年5岁了。我是个帅气的小王子，很高兴见到你。”但是在介绍自己的时候，他的眼睛左顾右盼，身体动来动去，仿佛身上有千百只虫子在啃咬他。于是，我给了他一个小小的建议：“小Z，如果你在说话的时候，可以看着对方的眼睛并且能保持身体不动，我认为对方一定会觉得你很尊重他。”于是，他看着我的眼睛，控制着他蠢蠢欲动的身体答道：“好的，老师，谢谢你的建议。”

这是我与小Z的第一节课。小Z于2009年12月出生，被确诊为阿斯伯格综合征，同时伴有多动。因为多动的问题，妈妈一直给他药物控制。通过一段时间的观察，我了解小Z的智力超常，特别喜欢电子游戏。在电子游戏输掉后，他会号啕大哭，会和你说“我要把你脑子里的程序重做”之类的话语。如果玩游戏玩到高兴时，他会控制不住自己的情绪，表现得过于兴奋，比如跑、跳、转圈。他坐的时候会乱动；站的时候会乱动；走的时候身体会贴着墙，手指会从墙上划过。他的注意力不集中，交谈、学习的时候往往会走神。他的生活自理能力很糟糕，提裤子时，可能会一边高、一边低，裤线可能会偏到一旁去，衣服有时一边在裤子里一边在裤子外。做穿珠子、穿鞋带等活动对他来说很困难，仿佛他的手不是他自己的。他带来的吃的，你坚决不能吃，他可以将这些吃的飞快塞到嘴里吃掉。一个老师因为喜欢他，逗他拿了他的零食，于是，他就把脚印清楚地印到了那个老师的裤子上，教室里回荡着他的号啕声并且时不时地夹杂着一些不适当的言语，如："我要把你的手拿掉，那样我就可以拿回我的零食了。"种种"辉煌"事件，搞得大人们无所适从。

在和小Z一起学习的这7个月中，我针对他的问题主要采用了ABC行为观察法和代币制度。控制前提，从而改变行为，当得到目标行为时，立即给予代币奖励。

小Z每次坐到椅子上时，他的身体便开始左扭扭、右动动。一会儿一只腿放到屁股下面坐着，一会儿双腿又跪到椅子上，一会儿坐着时翘起了椅子后面的腿，咚的一声之后他坐到了地上，笑眯眯地看着我，说："嘿嘿，没坐好。"

于是，我将"坐"这个词对小Z做了更严谨的定义。我和小Z说："请将你的屁股贴到椅子上，小手贴到大腿上，后背贴到椅背上，双脚的脚尖和脚跟都要贴到地面上，椅子的腿都不能离开地面，你的身体要像树干一样笔直，不能动哦。"按照这个定义，我们开始了第一次的练习。我让他先坐着数10个数，如果10个数数完后，他可以得到一张小贴画。积满5张小贴画可以换一个他喜欢的零食。这次小Z按照我的要求，坐到椅子上，嘴里数着："1、2、3……8、9、10。"数到10后，他高兴地说："老师我按照你的要求坐好了，没有动！我的屁股没有离开椅子，后背也没有离开椅背，小脚紧贴在地面上，可以得到小贴画了。"我拿出了一张准备好的小贴画，让小Z自己贴到了事先准备好的代币表格中。

接着进行第二、三次训练，我将小Z坐椅子的时间分别延长到数15、25个数。他依然完成得很棒，真的按照我们事先约定好的要求安坐了。算上他一开始得到的小贴画，一共集了3张了。这时，我给了他一些鼓励："小Z，你看你好棒啊，已经得到3张小贴画了，再得到2张小贴画，你就可以换到你喜欢吃的零食了，加油啊！"

小Z也很高兴，和我说："老师，这次我能坐着数50个数。"我做出惊讶的表情说："哇！你可以这么厉害啊，那这次我们一起坐好，边安坐边读故事好吗？"他听完我的提议特别开心，边拍手边告诉我："我很喜欢看书。"于是，我让他选了一本自己喜欢的书读，边读边注意自己的坐姿。我将安坐要求稍稍改动了一下，他的双手可以不用贴到腿上，用双手来翻书、拿书；后背不用靠着椅背；胸离桌子一拳远；身子依然不能乱动；屁股贴在椅子上；双脚的脚尖和脚跟都要贴到地面上；椅子的腿都不能离开地面。

伴着小Z银铃般悦耳的朗读声，我按下了计时器，5秒、10秒、20秒……1分钟了。小Z依然按照我的要求用标准的姿势坐着。我兴奋地说："小Z，你已经按照要求坐了1分钟了，你这么牛气啊！我要奖励你一张小贴画！"小Z高兴地拿过小贴画，仔细地贴到了代币表格里，之后和我说："老师，你看我就差一张就能集满5张小贴画了。"

"来，你继续读故事。"我趁热打铁地说，但是没有提醒他注意自己的坐姿，我相信他可以坐得很标准。小Z依然按照我定的标准安坐读故事。计时器又从1秒开始计时。1分30秒的时候，我打断了在认真读故事的小Z，并拿出了最后一张小贴画给了他："小Z，你刚才读了1分半的故事，因为你的胸离桌子一拳远，身子和一棵大树一样没有动，小脚也紧紧地贴在地面上。所以你可以得到1张小贴画。好棒啊！"小Z乐得眯起了小眼睛，拿过贴画贴到了最后一个格子中。他拿起集满了5张小贴画的代币表格递给了我："老师，我能换山楂片吗？""当然可以啊。"我一手接过了他递过来的代币表，一边给了他山楂片。小Z津津有味地吃了起来。

第一次完整的安坐训练就这样顺利结束了。

我将这个安坐的规则教给小Z的妈妈，并让妈妈严格按照这个标准去监督他，并加以奖励。如果他忘记坐好时，我和妈妈约定，正向地引导他，给他做示范。之后的一段时间，我和妈妈都严格按照制定的规则对小Z进行安坐训练，但我们会变换不同的形式，在小Z画画时、在小Z写作业时我们会比赛看谁坐得最棒，在小Z看电视甚至在我们一起玩一些坐着的游戏时也会同时进行坐的比赛以避免枯燥，和泛化他的安坐行为。

半个月后，小Z在没人提示的情况下可以安静地坐在椅子上，身体不会乱动，也不会因为翘起椅子而摔倒，双脚的脚尖和脚跟都会贴到地面上，椅子的腿也不会离开地面。

这只是小Z行为改变训练的一个小里程碑，在他接受训练的7个月里，小Z在与人交流时，可以与人眼神对视，可以将自己的东西分享给他人，他也会在游戏输掉后和赢家说："恭喜你啊！我会加油。"

而今，小Z即将进入小学就读，希望他可以克服自己的困难，在未来的生活、学习中越来越棒！孩子，我们一起加油！

案例七　鹦鹉小男孩

逗逗，男孩，3岁7个月。逗逗与爸爸、妈妈、姐姐、爷爷、奶奶同住。轻度自闭症，初始规矩性差，话较少，鹦鹉学舌。PEP评估结果：年龄当量为26个月，较合作，模仿能力较好，可听指令，认知能力较差，可提升空间较大。初始与家长沟通结果：儿童不与人沟通，无强化物。

所上课程：2015年10月8日入园，个训，集体。

入园初始情况：逗逗入园第一天第一节个训由父母陪同提前到个训室，上课前见到个训老师显得紧张害怕，更加贴近父亲（较喜爱父亲），不能与老师打招呼，父母显得焦虑和挑剔。与父母沟通了解并没有发现孩子有特别喜爱的物品和食物，平时不吃零食，在家别人唤名无应答，不予理睬。不能与父母沟通，记忆力较强，认识很多字。上课铃响，父母离开教室与其再见，逗逗并无反应，直到关上门与老师接触才有不适情绪，显得焦虑，坐立不安。唤名无应答，几乎没有对视，个别音节发音不准，对零食不感兴趣（经后期训练发现：抗拒陌生食物入口），喜欢小汽车，抓手拼版，互动游戏：小手爬爬，拉大锯。前一周以与逗逗建立良好关系为主，同时做更详细的观察。

入园之后情况：初期第一个学习项目以互动游戏为强化物做回合实验教学，训练唤名答，由于关系建立良好，此项目学习较快，仅用一周时间即可完成，但后期一直保持有训练。

第二个学习项目为目光对视，培养喜爱的食物作为强化物放在老师眼前进行注意力训练，之后以数数为时间计时，看老师数5个数，完成便有强化物，之后逐渐增加时间，最后撤出强化。以此方法，又进行了安坐、立正等延时动作。比如，训练规矩性——起立、坐下。请逗逗坐下，跟逗逗说“坐着数5个数”起初，逗逗只能坐着数3个数，逗逗坐着数到3时就迅速给谷物棒碎粒，并强调“坐着数3个数啦”作为强化。这个项目做了10次就延伸到安坐5个数。同样的方法，逗逗很快就可以安坐5个数。为了配合集体课，在训练安坐的同时也用同样的方法训练了原地站立，由于之前与逗逗建立的良好关系以及初期的基础训练，逗逗的原地站立项目独立得特别快，而且有的时候可以站立着数10个数。集体课上的规矩性也好了许多。第三项穿插学习项目为语言塑造，音节t和p无法分清楚，都发音为p，（后期还有f和s，z和b等音节）。个训时发出能吸引逗逗的声音来让他看老师唇形以此学习发单音节，完成给予强化，后组合相似发音，完成后纠正之前错误发音词语，逐渐纠正了逗逗之前许多不正确发音（如薯条——piao），并有关于此学习内容的家庭指导作业作为强化练习。当逗逗有良好的对视，可以安坐、站立时，就全面展开了应答、动作模仿、听指令、颜色形状配对、点数、命名、提要求等基础训练，训练方式以回合实验教学为主辅，以游戏和家庭作业巩固等内容进行大量学习训练。由于逗逗模仿能力强，经过一个半月的学习训练，以上基础内容基本能够掌握。

第二阶段是对逗逗鹦鹉学舌问题的矫正。由于此问题是认知较差的体现，所以首先训练对物品图片的配对，按图搭积木，简单应答的配对，提要求。其次在集体课上训练逗逗与其他孩子之间的互动增加认知，学习更多的游戏与老师、家人、其他孩子互动。再次进行情景教学，找出与图片相关的物品，相同颜色的物品，以及与不同的人进行简单的互动交流。最后通过对物品的命名、属性、功能、分类对物品变换询问方法增加认知能力。在以上教学过程中不断给予强化和巩固，并给逗逗以自信。之后训练有没有拍到手的项目用时比较久：第一天让逗逗与我面对面地坐并分别把手放我的双膝盖上，我数“1、2、3”拍逗逗的手后，迅速告诉他“拍到了”，他跟我说“拍到了”，给逗逗一点儿小饼干的同时并说“拍到了”对此进行强化。当节课此项目就可以做到独立。第二天再做此项目且尚未拍到的时候发现，逗逗并不能把手抽离，所以无法进展。于是变换思路，让逗逗拍我的手，倒数3下后我的手不抽离，逗逗就会说“拍到了”。逗逗拍到我的手独立进行三个回合之后，到第四个回合我就把手抽离，逗逗拍到我的腿上，我会迅速说“没有拍到”，逗逗没有反应就进行错误矫正之后能够仿说“没有拍到”，给予小饼干同时重复“没有拍到”作为强化。课后把此项目的训练方法告诉逗逗的妈妈，让其回家训练此项目。之后两天个训课上对“拍到了”和“没有拍到”进行维持项目。第二周来上课时，我们做“拍到了”和“没有拍到”的轮换项目，发现逗逗对于两者分不太清楚。前几次对于手抽离后拍到我膝盖上的现象为没有拍到，还停留在拍到了的认知里面。于是只能不断地降低辅助等级并进行错误矫正。苦于个训课只有我和逗逗，所以教逗逗抽离手的项目只好请一个没有课的老师来辅助，我来拍，她在逗逗身后辅助抽手，于是训练“没有拍到”的项目逐渐完成独立。大概在“没有拍到”的项目训练了两天之后，再次与“拍到了”进行轮换，出错率降低了许多。加之逗逗妈妈在家进行的训练，终于在两周多的时间里面逗逗对于“拍到了”和“没有拍到”的项目可以完全独立，之后一到两周时间维持此项目，逗逗终于分得清“拍到了”与“没有拍到”了。慢慢地，借此还泛化到“接球”与“没有接到球”的项目。有过之前拍手的经验，逗逗学习接球的项目的进展快了许多，偶尔也可以接来访者老师扔过来的球。

经过三个多月的训练，仿说现象减少，学会的项目越来越多，逗逗得到的鼓励和表扬自然越来越多。他开始自信起来，与其他人的接触和对视开始增加。逗逗开始能表达喜悦、害羞、调皮和喜欢等情绪，能与人简单地打招呼和提要求。由于进步较快，集体课被调至能力较强的班级。逗逗的家人也都很开心，焦虑的情绪减少了很多，较之前稍显轻松的环境使逗逗的教养环境好了许多，逗逗的紧张情绪和配合度慢慢好了起来。逗逗可以在中心跟见到的所有老师打招呼，还可以顺畅地做自我介绍，遇到挡道的老师会说“老师，请让一下”或者“老师，让我过去”，无法推开门或者够不到灯的开关时也可以跟老师们说“帮帮我”或“帮我开开门（灯）”。

经过这个个案，对于教学上的一点儿心得是：想要孩子愿意接触人和配合学习项目，首先，减少孩子的情绪问题，并且让他开心起来；其次，努力与孩子建立良好的互动关系，从而让孩子体会到与人接触的乐趣，接着再去解决问题，最后泛化到生活和其他人的交往中去。帮助孩子快乐自信就会慢慢打开孩子与人接触的大门，当然这个过程十分漫长，也需要老师和孩子的家庭坚持不懈。

案例八　与暖暖相处的美好时光

初次见到暖暖的时候，他还只有12月龄。我最直观的感觉就是这个孩子非常瘦，由于早产，体质很弱，爸爸妈妈一直坚持给孩子做运动方面的康复。

随着时间的推移，暖暖的模仿能力、认知能力、互动能力等均没有进展，与同龄孩子相差非常大，爸爸妈妈很着急。

与暖暖的第一节课，由于暖暖不会走路，只能坐在宝宝椅里面开展教学，我们是在哭声中开始，哭声中中断。课程只进行了15分钟，姥姥就接受不了了，很心疼孩子哭，担心孩子体质差会生病。接下来的第二天、第三天也是同样。在我与暖暖相处的这三次课中，我发现了很多问题：首先，孩子年龄很小、体质很弱；其次，看似没有任何强化物，暖暖对玩具、食物等均无兴趣；最后，家长听不得孩子的哭声，心疼得要命。归纳之后，我联系了暖暖的妈妈，决定跟她更深入地谈谈孩子的下一步训练方式和方案。也许是家庭成员未达成一致意见，所以暖暖妈妈决定先暂停训练。

3个月后，也就是在暖暖15月龄的时候，妈妈再一次找到我，明确告诉我这次全家下定决心一定完完全全地配合我完成制定的训练课程。有了来自这个家庭所有成员的充分信任后，我也动力满满地开始了我和暖暖的互动时光。开始的时候总是那么艰难，暖暖有着强大的眼泪储存系统，我也有相当强大的心理承受能力。寻找强化物这件事让我们“烧掉”了很多脑细胞，最终发现他很喜欢听儿歌，但如果是我来唱，效能并不高，只有每每拿出手机来放歌的时候，他的小眼睛总闪烁着别样的光芒。于是，我用手机放歌来当强化物练习模仿拍手，从完全没有意识到知道自己举起胳膊的半辅助状态，经历了一段时间。正当我为孩子有一些进步而开心的时候，暖暖妈妈跟我反馈，看手机听音乐可能会导致暖暖晚上不睡觉。在这个可能性的基础上，我与暖暖妈妈商量：之后连续两周的时间，我们都不用手机等电子产品听音乐，也不让孩子看屏幕，我们观察一下，是否因为这个原因导致孩子兴奋到不睡觉。与暖暖妈妈达成一致后，我们立即开始执行。在这两周的过程中，暖暖虽然不哭，但配合的动力几乎没有。两周时间一过，暖暖妈妈找到我，告诉我：晚上不睡觉并不是因为看手机的原因，可以继续用它当强化物。我也告知暖暖妈妈：我会不断挖掘暖暖对其他事物的兴趣，帮他扩展兴趣。

我和暖暖每天继续努力着，半躯体辅助了一段时间，暖暖逐渐有了独立拍手的意识，对我来说感觉是一个很大的突破。接下来的一段时间，暖暖无意识的“啊啊”声很多，用手轻拍他的小嘴，可以听到“哇哇”声，很可爱。于是，我开始了模仿“打哇哇”，暖暖的手功能比较弱，抓取投放等动作存在很大问题，前期我决定用我的手来帮他拍。模仿进行了一周的时间，小家伙在我做完示范以后，立刻主动来拉我的手放到他的嘴边，维持了一段时间，转为辅助他自己的手来做，效果很明显。暖暖妈妈几次看到孩子的进步都为他落泪了。接下来，我的手机音乐时间开始有计划地缩短了，还加入了“蚂蚁上树”（挠痒痒）。之前暖暖对挠痒痒没有任何反应，如同在挠别人一样，随着训练的深入，以及与我的配合度的提高，暖暖的脸上逐渐有了笑容，身体上也有很大的反应，经常乐得超级开心，也会伸着胳膊要求再玩儿，演变成了另一强化物。

利用手机，暖暖还学会了选择。开始时暖暖不懂“不要”，给他物品他就会接住，然后马上再还给对方。训练开始的时候，我呈现两样物品：手机和小按摩球，无论手机放在哪边，他都会第一时间选手机。几次成功得到手机之后，我故意把小按摩球放在离暖暖近的位置，而且只要他拿小按摩球，我就不会给他手机作为强化。辅助几次下来，小家伙找到经验了，再给他小按摩球，他会推走，不会去拿了。

在暖暖每天开始训练时，暖暖妈妈总会贴心地给暖暖准备一块小手绢，起初是为了给暖暖擦眼泪、擦口水。后来暖暖可以很好地控制眼泪和口水了，小手绢则变成我们的教具，“把手绢给我”这句话经常出现在我们的互动中。暖暖的反应速度也越来越快，无论小手绢放到什么地方，他都可以找到。有一天，我在桌子上放了一辆小汽车和这块小手绢，我对暖暖说“把手绢给我”，他真的没有出错，而且第二次也拿对了。我又换了位置，他仍然拿对了。暖暖妈妈看到这一幕感动地哭了，她说她真的没想到暖暖可以做到。平时的潜移默化、慢慢渗透很重要，孩子内在的变化需要量的积累，才可以得到真正意义上的质的飞跃。接下来，我把小手绢放在盒子里并倒扣在桌子上，露出小手绢的一角，暖暖可以很快地发现并拿给我。但如果没有露在外面暖暖就会找不到了，即使我在露和不露之间穿插轮换来做，暖暖的意识信息还是无法实现连接，我们还需要继续加油，相信很快会做到的。

到现在暖暖可以独立行走了，虽然稳定性还不是很好，但他的兴趣明显大了很多，他可以独自摆弄一会儿小按摩球，捏一捏拍一拍；会趁我不注意的时候伸手去拿桌子上的卡片，他喜欢我给他念卡片，会很认真地听，很认真地指；给他唱儿歌的时候，会主动模仿我拍手的动作，样子超级可爱。随着模仿意识的逐步提高，现在的暖暖可以连续模仿两个简单的动作了，如拍手、拍桌子，很让我们欣慰。

暖暖的妈妈现在在家都会按照我课后布置的训练任务认真地给孩子练习，孩子的进步需要我们相关人员一起努力，单单靠其中的一方是达不到预期效果的。尽管暖暖的整体能力非常薄弱，进步很缓慢，但妈妈从未放弃，永远都呈现出满满的正能量，我们通过前后定期对比的录像会发现，暖暖在不断地进步，在每个阶段都有或多或少的提升，这一系列的变化也给了我很大的信心和动力，我愿与暖暖一同成长，相伴而行，温暖一路。

案例九　安安变得更阳光了

一位看上去像丢了魂似的妈妈，手里拿着一张诊断证明报告带着孩子来了。孩子叫安安，刚过8岁的生日，经医院诊断为孤独症倾向。清瘦的小脸，低着脑袋，常常躲在妈妈的身后，悄悄地斜着两眼看人，显得有些胆怯而羞涩的样子。

安安也曾经历着像其他孩子那样的各种发展阶段。从他出生的那一刻，在这个传统的中国家庭中，都为喜得男孩而满心欢喜。妈妈更是用心地查阅大量的育儿经，每天都咿咿呀呀地跟安安对话。时间一天天过去了，那年安安2岁半，当妈妈每天都像往常那样翻阅育儿经时，发现这个年龄段的孩子词汇量是飞速发展的，已能表达最少50个以上的词汇。从2～3个词组成的简单句子，如“喝果汁”“妈妈，要饼干”等飞跃至四五个甚至6个词组成的句子，如“小车在哪里，爸爸”“小狗坐在我的腿上”等，并开始使用你、我、他等人称代词。可安安却无法表达，这让妈妈的心里一阵阵揪着疼。“你想吃什么？”“你想吃什么？”“小车在哪里？”“小车在哪里？”妈妈一句句看着书上的句子不停地跟安安对话，可他却让妈妈有些失落和不安，为什么他只会不停地重复每一个字？机械地使用某个词语？顿时，妈妈的脑子里装的全是十万个为什么。“没关系！再大一点儿就会好的，我们一起努力啊！”妈妈只好将心中那股波涛澎湃的风浪平息下来，牵强地扬了扬嘴角对安安说着。

时光荏苒，岁月蹉跎。一大清早，妈妈依旧在屋里各种忙碌，为安安做早饭、准备洗漱用品、准备上学的书包……

“安安！起床啦！”妈妈走进房间拿着衣服，拉起还在昏昏欲睡的安安，一件件衣服往他身上套。马上快上三年级的学生了，安安每天都要依赖一些辅助来完成给他的任务，当然这几年也没少给家里添麻烦。在上学的路上，妈妈一再叮嘱安安说：“在学校好好听老师的话，想跟同学玩要先问问人家愿不愿意，人家要是不愿意也没有关系的，你可以做你自己喜欢的事情……”妈妈絮絮叨叨地说了一路。

“安安妈妈，您好！我是安安的班主任李老师，您现在马上来学校一趟！”妈妈接到这种电话已不在少数了，甚至这次都有些后怕，脑子里又呈现出无数个结果。

“再这样下去学校真的没有办法再收他了！”李老师有些气愤地说，“都这个年龄了，跟同学之间都不知道相处的远近，这让女孩们觉得他很怪！我还是劝您带他到医院去看看吧！”妈妈真的忍不住了，眼泪像洪水一般涌了出来，心中有多少的苦谁又能了解呢？“李老师！对不起！谢谢您的教诲！”妈妈知道这个时候说什么也没有用了，安安低着头，在一旁双手紧紧地握着，嘴里咬着牙哼哼唧唧地发出不耐烦的声音，手臂上还有几道被抓过的痕迹，一定又被同学……显然，安安变得更胆怯、更退缩了，情绪也有些失控了。这一切对大家都是一次又一次的冲击，他小小的内心世界怎么能承受呢？

家里的生活已变得一团糟，妈妈为了照顾安安已多年不上班，爸爸也经常在外出差，只为给家里挣些生活补贴。这么大的挑战只能是妈妈自己一个人面对，心里总回荡着李老师的那句话，“带孩子去医院看看吧！带孩子去医院看看吧”。妈妈鼓足勇气带安安去医院做了筛查，结果拿回的却是一张不尽如人意的诊断报告——孤独症倾向。天都快塌下来了！妈妈的心里已崩溃到边缘，可看着身边的安安，真的很无奈，最后紧紧地抱着安安痛哭起来。

几经周折，妈妈找到了一家专业的训练机构，老师听了妈妈说的一切和看了诊断报告的结果后，给安安制订了一套系统的训练方案，妈妈的心里有了一些安慰。

开始时，安安跟老师并没有太多的交流，显得有些冷漠、被动，把自己封闭在无声的世界里。也许是经历过各种的欺凌和挫折，让他变得更加羞怯。在一次与老师的交流中，为了提高安安的语言表达能力，需要认识大量的图片，来丰富语言的词汇量。妈妈非常配合，拍了许多生活中常见的用品，精心制作成小卡片。安安见到一些自己熟悉的物品，心情很快就放松了。这些图片对他来说既熟悉又陌生，老师巧妙地将他认识与不认识的进行分类，在教导的过程中相互穿插，减少了安安因挫败感而产生的情绪。对于不认识的图片，老师要先说出正确的名称，让他重复，每次答对后都让他得到老师及时的表扬和他喜欢的“小汽车”（几种强化物可交替使用）。经过两个月的训练，安安已能较好地命名图片上的物品，并能按老师的指令选择相应的图片。同时，在训练他的注意力、观察力和综合分析等能力方面，利用图片找局部和整体，看阴影说出动物的名字等，也得到了较好的改善。妈妈为此感到一线希望，安安的脸上也有了笑容。

主动性一直是安安的短板，老师根据他的情况进行了分析，主动性包括问问题和分享，能问问题说明孩子在思考，能分享说明孩子能把看见的事物与他人分享，达到相互交流的过程。老师选择了2～3幅有情景的儿童画，画中包含一些之前安安已掌握的物品，指着画中的物品让安安命名。当然，画中也会有安安不认识的物品，老师跟安安说："安安，如果你看到不认识的就可以问'这是什么'，老师就会告诉你哦！"安安呆萌地看着老师，还是有点儿迷茫。开始时，安安看到不认识的物品时不说话或用手指不停指着画中的物品，这时老师马上教导安安说"这是什么"，让安安重复说出"这是什么"。分享的教导也是如此，老师每天带着安安在各种自然情境下通过仿说练习，将看到的、听到的说出来，与老师和同伴分享，如看到同伴在拍球就让安安仿说"××在拍球""××在喝水"等，将当下情境发生的事情用语言表达出来。安安慢慢开窍了。

"游戏是生命的本质。"罗杰斯与萨依尔曾经说过这样一句话。想想孩子们在什么时候最开心？玩儿的时候是最快乐、最开心的，通过游戏可以让安安在语言发展和社会交往上得到有效的干预，可是安安并不会玩儿。老师们每天千方百计地为孩子们设计各种方案，老师给安安做了各种他喜欢的头饰，跟他进行角色扮演的游戏。今天，安安拿起他最喜欢的托马斯，拉了拉老师的衣服，老师立即辅助他说："我们一起玩托马斯的游戏吧！"安安高兴地重复了老师的话，老师又问："你找我有事吗？"安安拍着手开心地蹦了起来："我们一起玩托马斯的游戏吧！"老师抓住了游戏中的每一次机会，创设课间游戏、借物品、到别人家里做客等情景，慢慢地让安安掌握了应该怎样与别人接触，懂得了应该用什么样的语言来表达自己的要求，建立自信的同时他的沟通不再茫然。

演练最终要回归实践。安安是有意愿与他人进行沟通的，于是老师带着安安融入同龄孩子中，学习向同伴问好，进行简单的对话。逐渐地，他的话越来越多了，声音也越来越大了，不再像从前那样和他人试探性地接触，虽然表达还不是很完整，但已能够简单地表达出自己的想法。

功夫不负有心人，经过一学期的训练，安安在活动中能开口叫同伴的名字，能与同伴一起进行集体游戏，遇到不明白的事能主动向家长和老师询问，安安变得阳光了！

附录1 孤独症行为检查表（ABC）

编号________

卡号________

儿童姓名________性别______ □

年龄________出生______年____月____日 □□1–3

填表者姓名________填表者与儿童关系________

父母所在单位__________________电话________

家庭地址或通讯处__________邮编________电话________

填表者文化程度____________职业________

填表日期____年____月____日

填表说明：请仔细逐条阅读以下各条项目，若您的孩子有该项表现，则在项目右侧表格内的数字下画"✓"（无论表现轻微或严重）。若无此项则不画，方框内不要画。如果有疑虑，请及早拨专家咨询热线，以便及早得到矫治指导。

项目	感觉	交往	躯体	语言	自理	统计
1.喜欢长时间的自身旋转			4			□04
2.学会做一件简单的事，但是很快就"忘记"					2	□05
3.经常没有接触环境或进行交往的要求	4					□06
4.往往不能接受简单的指令（如坐下、来这儿等）				1		□07
5.不会玩玩具等（如没完没了地转动，或乱扔、揉等）			2			□08

续表

项目	感觉	交往	躯体	语言	自理	统计
6.视觉辨别能力差（如对某种物体的大小、颜色或位置等的辨别能力差）	2					□09
7.无交往微笑（即不会与人点头、打招呼、微笑）		2				□10
8.代词运用得颠倒或混乱（如把“你”说成“我”等）				3		□11
9.长时间地总拿着某件东西			3			□12
10.似乎不听人说话，以致怀疑他有听力问题	3					□13
11.说话不合音调，无节奏				4		□14
12.长时间摇摆身体			4			□15
13.要去拿那些实际上够不到的东西		3				□16
14.对环境和日常生活规律的改变产生强烈反应					3	□17
15.当他和其他人在一起时，对呼唤他的名字没有反应				2		□18
16.经常做出前冲，旋转，脚尖行走，手指轻掐、轻弹等动作			4			□19
17.对其他人的面部表情没有反应		3				□20
18.说话时很少用“是”或“我”等词				2		□21
19.有某一方面的特殊能力，似乎与低智不相符					4	□22
20.不能执行简单的含有介词的指令（如“把球放在盒子上”）				1		□23
21.有时对很大的声音不产生吃惊的反应	3					□24
22.经常拍手、晃手、挥舞胳膊、弹指			4			□25
23.发大脾气或经常发点儿脾气					3	□26
24.主动回避与别人的目光进行接触		4				□27
25.拒绝与别人接触或拥抱		4				□28

续表

项目	感觉	交往	躯体	语言	自理	统计
26.有时对很痛苦的刺激如摔伤、割破皮肤没有反应	3					□29
27.身体表现很僵直，很难抱住		3				□30
28.当抱着他时，感到他的肌肉松弛		2				□31
29.倾向以姿势、手势来表示他所渴望得到的东西				2		□32
30.常用脚尖走路			2			□33
31.用咬人、撞人、踢人来伤害他人					2	□34
32.不断地重复短句				3		□35
33.游戏时不模仿其他儿童		3				□36
34.当强光直接照射眼睛时，常不眨眼	1					□37
35.有自伤行为，如咬手、撞头等		2				□38
36.想要什么东西不能等待，马上就要得到					2	□39
37.不能指认5个以上物体的名称				1		□40
38.不能发展任何友谊		4				□41
39.常常喜欢捂耳	4					□42
40.经常旋转碰撞物体			4			□43
41.控制大小便方面有问题					1	□44
42.一天只能提出5个以内的要求				2		□45
43.经常受到惊吓或常常焦虑不安		3				□46
44.在正常光线下斜眼、闭眼、皱眉	3					□47
45.要经常帮助，才会自己给自己穿衣					1	□48
46.一遍一遍地重复一些声音或词				3		□49
47.喜欢长时间盯着人看		4				□50
48.喜欢重复别人的问话和回答				4		□51

续表

项目	感觉	交往	躯体	语言	自理	统计
49.常不能意识他所处的环境（往往对危险的情况也不在意）					2	□52
50.特别喜欢着迷于单一的活动和游戏（如来回来去地走、跑、蹦、跳、敲、拍）					4	□53
51.对周围东西喜欢触摸、嗅或尝		3				□54
52.对生人常无视觉反应（对来人不看）	3					□55
53.常常纠缠在一些复杂的仪式行为上，就像缠在魔圈内（如走路一定要走一定的路线，饭前或睡前或做什么以前一定要把东西摆在什么地方或做什么动作）			4			□56
54.经常毁坏东西			2			□57
55.在2岁前就发现他发育迟缓					1	□58
56.在日常生活中至多可用15个短句进行交往				3		□59
57.长时间地凝视一个地方（呆呆地看一处）	4					□60
合计	□	□	□	□	□	□

附录2　儿童孤独症评定量表（CARS）

儿童姓名：__________　**性别**：__________　**年龄**：__________

家长姓名：__________　**电话**：__________　**地址**：__________

填表日期：__________

本量表按照1、2、3、4四级标准评分。每级评分意义依次为与年龄相当的行为表现、轻度异常、中度异常、严重异常。每一级评分又有具体的描述性说明，以期不同的评分者之间尽可能一致。

儿童孤独症评定量表最高分为60分。当总分大于30分可考虑为孤独症，30～36分为轻—中度孤独症，大于36分并且5项以上达3分或大于3分时为重度孤独症。

一、人际关系	
与年龄相当：与年龄相符的害羞、自卫及表示不同意	1分
轻度异常：缺乏一些眼光接触，不愿意，回避，过分害羞，对检查者反应有轻度缺陷	2分
中度异常：回避人，要使劲儿打扰他才能得到反应	3分
严重异常：强烈地回避，儿童对检查者很少反应，只有检查者强烈地干扰，才能产生反应	4分
二、模仿（词和动作）	
与年龄相当：与年龄相符的模仿	1分
轻度异常：大部分时间都模仿，有时激动，有时延缓	2分
中度异常：在检查者极强烈的要求下有时模仿	3分
重度异常：很少用语言或运动模仿他人	4分
三、情感反应	
与年龄相当：与年龄、情境相适应的情感反应——愉快或不愉快，以及兴趣，通过面部表情姿势的变化来表达	1分

续表

轻度异常：对不同的情感刺激有些缺乏相应的反应，情感可能受限或过分	2分
中度异常：不适当的情感的示意，反应相当受限或过分，或往往与刺激无关	3分
严重异常：极刻板的情感反应，对检查者坚持改变的情境很少产生适当的反应	4分
四、躯体运用能力	
与年龄相当：与年龄相适应的利用和意识	1分
轻度异常：躯体运用方面有点儿特殊——某些刻板运动，笨拙，缺乏协调性	2分
中度异常：有中度特殊的手指或身体姿势功能失调的征象，摇动旋转，手指摆动，用脚尖走路	3分
重度异常：如上述所描述的严重而广泛地发生	4分
五、与非生命物体的关系	
与年龄相当：适合年龄的兴趣运用和探索	1分
轻度异常：轻度的对东西缺乏或不适当地使用物体，像婴儿一样咬东西，猛敲东西，或者迷恋于物体发出的吱吱叫声或不停地开灯、关灯	2分
中度异常：对多数物体缺乏兴趣或表现有些特别，如重复转动某件物体，反复用手指尖捏起东西，旋转轮子或对某部分着迷	3分
严重异常：严重的对物体的不适当的兴趣、使用和探究，如上边发生的情况频繁地发生，很难使儿童分心	4分
六、对环境变化的适应	
与年龄相当：对环境改变产生与年龄相适应的反应	1分
轻度异常：对环境改变产生某些反应，倾向维持某一物体活动或坚持相同的反应形式	2分
中度异常：对环境改变出现烦躁、沮丧的征象，当干扰他时很难被吸引过来	3分
严重异常：对改变产生严重的反应，假如坚持把环境的变化强加给他，儿童可能逃跑	4分
七、视觉反应	
与年龄相当：适合年龄的视觉反应，与其他感觉系统是整合方式	1分

续表

轻度异常：有时必须提醒儿童去注意物体，有时全神贯注于“镜像”，有的回避眼光接触，有的凝视空间，有的着迷于灯光	2分
中度异常：经常要提醒他正在干什么，喜欢观看光亮的物体，即使强迫他，也只有很少的眼光接触，盯着看人，或凝视空间	3分
重度异常：对物体和人的广泛严重的视觉回避，着迷于使用“余光”	4分
八、听觉反应	
与年龄相当：适合年龄的听觉反应	1分
轻度异常：对听觉刺激或某些特殊声音缺乏一些反应，反应可能延迟，有时必须重复声音刺激，有时对大的声音敏感，或对此声音分心	2分
中度异常：对听觉不构成反应，或必须重复数次刺激才产生反应，或对某些声音敏感（如很容易受惊，捂上耳朵等）	3分
重度异常：对声音全面回避，对声音类型不加注意或极度敏感	4分
九、近处感觉反应	
与年龄相当：对疼痛产生适当强度的反应，正常触觉和嗅觉	1分
轻度异常：对疼痛或轻度触碰，气味、味道等有点儿缺乏适当的反应，有时出现一些婴儿吸吮物体的表现	2分
中度异常：对疼痛或意外伤害缺乏反应，比较集中于触觉、嗅觉、味觉	3分
严重异常：过度地集中于触觉的探究感觉而不是功能的作用（吸吮、舔或摩擦），完全忽视疼痛或过分地做出反应	4分
十、焦虑反应	
与年龄相当：对情境产生与年龄相适应的反应，并且反应无延长	1分
轻度异常：轻度焦虑反应	2分
中度异常：中度焦虑反应	3分
严重异常：严重的焦虑反应，可能儿童在会见的一段时间内不能坐下，或很害怕，或退缩等	4分
十一、语言交流	
与年龄相当：适合年龄的语言	1分
轻度异常：语言迟钝，多数语言有意义，但有一点儿模仿语言	2分

续表

中度异常：缺乏语言或有意义的语言与不适当的语言相混淆（模仿言语或莫名其妙的话）	3分
严重异常：严重的不正常言语，实质上缺乏可理解的语言或运用特殊的离奇的语言	4分
十二、非语言交流	
与年龄相当：与年龄相符的非语言性交流	1分
轻度异常：非语言交流迟钝，交往仅为简单的或含糊的反应，如指出或去取他想要的东西	2分
中度异常：缺乏非语言交流，儿童不会利用或对非语言交流做出反应	3分
严重异常：特别古怪的和不可理解的非语言交流	4分
十三、活动很大	
与年龄相当：正常活动水平——不多动亦不少动	1分
轻度异常：轻度不安静或有轻度活动缓慢，但一般可控制	2分
中度异常：活动相当多，并且控制其活动量有困难，或者不活动或运动缓慢，检查者很频繁地控制或以极大努力才能得到反应	3分
严重异常：极不正常的活动水平，要么是不停，要么是冷淡的，很难得到儿童对任何事件的反应，差不多不断地需要大人控制	4分
十四、智力功能	
与年龄相当：正常智力功能——无迟钝的证据	1分
轻度异常：轻度智力低下——技能低下表现在各个领域	2分
中度异常：中度智力低下——某些技能明显迟钝，其他的接近年龄水平	3分
严重异常：智力功能严重障碍——某些技能表现迟钝，另外一些在年龄水平以上或不寻常	4分
十五、总的印象	
与年龄相当：不是孤独症	1分
轻度异常：轻微的或轻度孤独症	2分
中度异常：孤独症的中度征象	3分
严重异常：非常多的孤独症征象	4分

附录3　Achenbach儿童行为测评表

（家长用，适用于4～16岁儿童）

姓名__________年龄______性别______院（编）号________

住址及邮编________________联系电话__________________

以下是描述您的孩子的项目，只根据最近半年内的情况描述。每一项后面都有3个数字（0、1、2），如孩子明显有或经常有此表现，在2上画圈；如轻度有或有时有此项表现，在1上画圈；如无此项表现，在0上画圈。

序号	项目	统计		
1	行为幼稚与其年龄不符	0	1	2
2	过敏性症状（填具体表现）	0	1	2
3	喜欢争论	0	1	2
4	哮喘病	0	1	2
5	举动像异性	0	1	2
6	随地大便	0	1	2
7	喜欢吹牛或自夸	0	1	2
8	精神不能集中，注意力不能持久	0	1	2
9	老是要想某些事情不能摆脱，强迫观念	0	1	2
10	坐立不安或活动过多	0	1	2
11	喜欢缠着大人或过分依赖	0	1	2
12	常说感到寂寞	0	1	2
13	糊里糊涂，如在云里雾中	0	1	2
14	常常哭叫	0	1	2

续表

序号	项目	统计		
15	虐待动物	0	1	2
16	虐待、欺侮别人或吝啬	0	1	2
17	好做白日梦或呆想	0	1	2
18	故意伤害自己或企图自杀	0	1	2
19	需要别人经常注意自己	0	1	2
20	破坏自己的东西	0	1	2
21	破坏家里或其他儿童的东西	0	1	2
22	在家不听话	0	1	2
23	在校不听话	0	1	2
24	不肯好好吃饭	0	1	2
25	不与其他儿童相处	0	1	2
26	有不良行为后不感到内疚	0	1	2
27	易嫉妒	0	1	2
28	吃喝不能作为食物的东西	0	1	2
29	除怕上学外，还怕某些动物、处境或地方	0	1	2
30	怕上学	0	1	2
31	怕自己有坏念头或做坏事	0	1	2
32	觉得自己必须十全十美	0	1	2
33	觉得或抱怨没有人喜欢自己	0	1	2
34	觉得别人存心作弄自己	0	1	2
35	觉得自己无用或有自卑感	0	1	2
36	身体经常被弄伤，容易出事故	0	1	2
37	经常打架	0	1	2
38	常被人戏弄	0	1	2

续表

序号	项目	统计		
39	爱和惹麻烦的儿童在一起	0	1	2
40	听到某些实际上没有的声音	0	1	2
41	冲动或行为粗鲁	0	1	2
42	喜欢孤独	0	1	2
43	撒谎或欺骗	0	1	2
44	咬指甲	0	1	2
45	神经过敏，容易激动或紧张	0	1	2
46	动作紧张或带有抽动性	0	1	2
47	做噩梦	0	1	2
48	不被其他儿童喜欢	0	1	2
49	便秘	0	1	2
50	过度恐惧或担心	0	1	2
51	感到头昏	0	1	2
52	过分内疚	0	1	2
53	吃得过多	0	1	2
54	过分疲劳	0	1	2
55	身体过重	0	1	2
56	找不出原因的躯体症状 a．疼痛 b．头痛 c．恶心想吐 d．眼睛有问题（不包括近视及器质性眼病） e．发疹或患其他皮肤病 f．腹部疼痛或绞痛 g．呕吐 h．其他（说明内容）	0	1	2
57	对他人身体进行攻击	0	1	2
58	挖鼻孔或抓挠身体其他部分皮肤	0	1	2

续表

序号	项目	统计		
59	公开玩弄自己的生殖器	0	1	2
60	过多地玩弄自己的生殖器	0	1	2
61	功课差	0	1	2
62	动作不灵活	0	1	2
63	喜欢和年龄较大的儿童在一起	0	1	2
64	喜欢和年龄较小的儿童在一起	0	1	2
65	不肯说话	0	1	2
66	不断重复某些动作，有强迫行为（说明内容）	0	1	2
67	离家出走	0	1	2
68	经常尖叫	0	1	2
69	有事不说出来，憋在心里	0	1	2
70	看到某些实际上没有的东西	0	1	2
71	感到不自然或容易发窘	0	1	2
72	玩火（译注：包括玩火柴或打火机等）	0	1	2
73	有性方面的问题	0	1	2
74	夸耀自己或胡闹	0	1	2
75	害羞或胆小	0	1	2
76	比大多数孩子睡得少	0	1	2
77	比大多数孩子睡得多（不包括赖床）	0	1	2
78	玩弄粪便	0	1	2
79	言语有问题（例如口齿不清）	0	1	2
80	茫然凝视	0	1	2
81	在家偷东西	0	1	2
82	在外偷东西	0	1	2

续表

序号	项目	统计		
83	收藏自己不需要的东西（不含集邮等爱好）	0	1	2
84	有怪异行为（不包括其他条已提及者）	0	1	2
85	有怪异想法（不包括其他条已提及者）	0	1	2
86	固执、绷着脸或容易激怒	0	1	2
87	情绪突然变化	0	1	2
88	常常生气	0	1	2
89	多疑	0	1	2
90	咒骂或讲粗话	0	1	2
91	声言要自杀	0	1	2
92	说梦话或有梦游现象	0	1	2
93	话太多	0	1	2
94	常戏弄他人	0	1	2
95	乱发脾气或脾气暴躁	0	1	2
96	威胁他人	0	1	2
97	吮吸大拇指	0	1	2
98	过分要求整齐清洁	0	1	2
99	睡眠不好（说明内容）	0	1	2
100	逃学	0	1	2
101	不够活跃，动作迟钝或精力不足	0	1	2
102	闷闷不乐，悲伤或抑郁	0	1	2
103	说话声音特别大	0	1	2
104	喝酒或使用成瘾药	0	1	2
105	损坏公物	0	1	2
106	白天遗尿	0	1	2

续表

序号	项目	统计		
107	夜间遗尿	0	1	2
108	爱哭诉	0	1	2
109	希望成为异性	0	1	2
110	孤独，不合群	0	1	2
111	忧虑重重	0	1	2
112	其他问题	0	1	2

主要参考资料

1.莫书亮，苏彦捷．孤独症的心理理论研究及其临床应用．中国特殊教育，2003，（5）．

2.辛自强，俞国良．学习不良儿童研究的社会认知取向．心理科学，2001，（5）：544-548．

3.徐光性．自闭症儿童认知发展语言获得理论研究综述．华东师范大学学报：教育科学版，1999，（3）：56-60．

4.郭力平，冯君萍．早期儿童的游戏与心理理论的发展．心理科学，2003，（5）：804-807．

5.周念丽，方俊明．自闭症幼儿的情感认知特点的实验研究．心理科学，2003，（3）：407-410．

6.S.T.菲斯克，S.E.泰勒．社会认知——人怎样认识自己和他人．贵阳：贵州人民出版社，1994．

7.汪新建，付翠．西方关于情绪障碍的信息加工研究．心理科学，2001，（2）：246．

8.李燕．幼儿情绪智力的发展与培养．北京：中国轻工业出版社，2002．

9.吕静．儿童行为矫正手册．杭州：浙江教育出版社，1992．

10.李丹．儿童发展心理学．上海：华东师范大学出版社，1989．

11.北京星星雨教育研究所．星星雨通讯．2001年及2002年合刊．

12.张俊芝．孤独症儿童的训练方法——结构化法教学．孤独症儿童康复动态，2000，（4）．

13.徐光兴．自闭症的性别差异及其与认知神经功能障碍的关系．心理科学，2007，30（2）：425-427．

14.刘肖莉，郭延庆，贾美香．父母的文化程度与孤独症的早期发现的相关性分析．中外妇儿健康，2011，19（4）：75．

15.Karimi，P.，Kamali，E.，Mousavi，S. M.，& Karahmadi，M.（2017）. Environmental factors influencing the risk of autism. *Journal of Research in Medical Sciences：The Official Journal of Isfahan University of Medical Sciences*. 22，27. http：//doi.org/10.4103/1735-1995.200272.

16.宋丽华，李素水，孙志刚等．围产期的应激因素与孤独症谱系障碍关系研究进展．临床精神医学杂志.2016，26（1）：61-63．

17.李素水，杨晓玲，贾美香．孤独症患者围产期危险因素的研究.中华精神科杂志．1998，31（3）：178-180．

18.Jiang，H.Y.，et al.. Maternal infection during pregnancy and risk of autism spectrum disorders：A systematic review and meta-analysis. *Brain Behav Immun*. 2016，58：165-172.

19.Kim，S.，et al.. Maternal gut bacteria promote neurodevelopmental abnormalities in mouse offspring. *Nature*. 2017.

20.Shin，Y.Y.，et al.. Reversing behavioural abnormalities in mice exposed to maternal inflammation. *Nature*. 2017.

21.Choi，G.B.，et al.. The maternal interleukin-17a pathway in mice promotes autism-like phenotypes in offspring. *Science*. 2016，351（6276）：933-9.

22.单玲，胡晓兰，王冰等．维生素D在孤独症谱系障碍中的作用研究进展．中国当代儿科杂志．2016，18（2）：183-188．

23.傅锦坚，张玉，李红辉．孤独症与肠道菌群失调的研究进展．中国儿童保健杂志．2017，25（3）：255-257．

24.苏贤，钟燕．环境污染与孤独症谱系障碍关系的研究进展．中国儿童保健杂志．2016，24（4）：387-389．